O Código Universal

Entendendo o Projeto Divino

Dan Desmarques

22 Lions

O Código Universal: Entendendo o Projeto Divino

Escrito por Dan Desmarques

Direitos autorais © 2024 por Dan Desmarques. Todos os direitos reservados.

Nenhuma parte desta publicação pode ser reproduzida ou transmitida de qualquer forma ou por qualquer meio, eletrônico ou mecânico, incluindo fotocópia, gravação ou qualquer sistema de armazenamento e recuperação de informações atualmente conhecido ou que venha a ser inventado, sem a permissão por escrito da editora, exceto por um crítico que deseje citar breves passagens em conexão com uma crítica escrita para inclusão em uma revista, jornal ou transmissão.

Índice

Introdução … VII

1. Capítulo 1: Ação no Silêncio … 1
2. Capítulo 2: Além da Ilusão Coletiva … 5
3. Capítulo 3: Perda Transformadora … 9
4. Capítulo 4: Adversidade Para o Crescimento … 13
5. Capítulo 5: Evolução Por Meio de Conflitos … 17
6. Capítulo 6: Superando a Depressão … 21
7. Capítulo 7: Verdade Compassiva … 25
8. Capítulo 8: Equilíbrio Entre Dados e Empatia … 29
9. Capítulo 9: Nossa Jornada Terrena … 33
10. Capítulo 10: O Continuum da Existência … 37
11. Capítulo 11: Dominando o Destino … 41
12. Capítulo 12: Recuperação do Poder Pessoal … 45
13. Capítulo 13: A Lente da Terceira Pessoa … 49
14. Capítulo 14: Superando a Ilusão e a Insensatez … 53
15. Capítulo 15: O Caminho Para a Autodescoberta … 57

16. Capítulo 16: Fertilizando a Evolução Pessoal — 61

17. Capítulo 17: Culpa e Responsabilidade — 65

18. Capítulo 18: Demônios Internos — 69

19. Capítulo 19: Liderando Pelo Exemplo — 73

20. Capítulo 20: Expandindo a Consciência — 77

21. Capítulo 21: Níveis de Consciência — 81

22. Glossário — 85

23. Solicitação de resenha de livro — 89

24. Sobre o autor — 91

25. Também escrito pelo autor — 93

26. Sobre a editora — 103

Introdução

"O Código Universal: Entendendo o Projeto Divino" é uma profunda exploração da espiritualidade, da consciência e da natureza da própria existência. Esta obra inovadora desafia os leitores a transcenderem as noções convencionais de religião e embarcarem em uma jornada transformadora de autodescoberta e consciência cósmica.

Com base em uma rica tapeçaria de sabedoria espiritual, insight filosófico e experiência pessoal, o livro explora as questões fundamentais que intrigam a humanidade há milênios: Qual é a nossa verdadeira natureza? Como estamos conectados ao Divino? Qual é o significado de nossa existência?

Em sua essência, "O Código Universal" postula que todos nós somos centelhas de uma luz divina maior, possuindo o potencial para a consciência de Deus. O autor argumenta que nossa existência física serve como um veículo para expandir e realizar esse potencial, com os desafios e as limitações da experiência encarnada proporcionando o atrito necessário para o crescimento espiritual.

O livro desafia os leitores a irem além da aceitação passiva de dogmas religiosos e a se envolverem ativamente com o mundo ao seu redor. Ele enfatiza a importância da experiência direta e vivida para a obtenção da verdadeira compreensão espiritual. Por meio dessa lente, cada interação se torna uma oportunidade de crescimento, cada desafio um trampolim para uma maior conscientização.

O conceito de carma e nossa capacidade de influenciá-lo é fundamental para a filosofia do livro. O autor apresenta um caminho transformador que vai desde estar sujeito aos efeitos cármicos até exercer poder sobre o carma, uma jornada de evolução espiritual e autodomínio. Esse processo envolve a limpeza de nossa lousa cármica, não apagando nosso passado, mas aceitando nossas experiências com o coração e a mente abertos.

"O Código Universal" também explora a interconexão de toda a existência, apresentando uma visão da realidade na qual nossas ações se propagam e afetam outras pessoas, não apenas na Terra, mas em todo o cosmos. Essa aplicabilidade universal fala do grande projeto espiritual cósmico que transcende as fronteiras do tempo e do espaço.

O livro não se esquiva de desafiar as práticas espirituais convencionais. Ele critica as possíveis armadilhas da religião organizada e da meditação, ao mesmo tempo em que reconhece seu valor quando abordadas com consciência crítica. Ele incentiva os leitores a questionar suas crenças, confrontar a realidade como ela realmente é e abraçar a plenitude da existência, incluindo seus sofrimentos e desafios inerentes.

Em última análise, "O Código Universal" é um chamado para o despertar. Ele convida os leitores a reconhecerem seu potencial divino e a se tornarem cocriadores na evolução contínua da existência. Ele nos desafia a sonhar grande, a imaginar um mundo que reflita nossos ideais mais elevados de amor, compaixão e unidade.

Este livro não é apenas um tratado filosófico, mas um guia prático para o crescimento espiritual. Ele oferece insights sobre o desenvolvimento da compaixão, a superação do medo e o alinhamento com o propósito divino. Ele apresenta a espiritualidade não como uma fuga do mundo, mas como um meio de envolvê-lo mais plenamente, transformando a nós mesmos e a realidade ao nosso redor.

"O Código Universal: Entendendo o Projeto Divino" é um convite para embarcar na jornada mais importante de todas - a jornada para compreender nossa verdadeira natureza e nosso lugar no espectro cósmico da existência. Ele promete desafiar, inspirar e, por fim, transformar aqueles que estiverem dispostos a desbloquear "O Código Universal" dentro de si mesmos.

Capítulo 1: Ação no Silêncio

Muitas vezes nos encontramos em uma encruzilhada, questionando a natureza de nossa existência e o caminho que escolhemos seguir. À medida que nos aprofundamos nos domínios da espiritualidade, percebemos que o estágio final da iluminação só pode ser alcançado quando realmente abraçamos uma existência pacífica. Entretanto, esse estado de tranquilidade não é uma mera aceitação passiva do mundo ao nosso redor; ao contrário, é o ponto culminante de ações e transformações significativas no mundo material.

O caminho para a iluminação espiritual é repleto de desafios, e muitas pessoas se veem presas em ciclos de raiva, ressentimento e evasão. Aqueles que nutrem emoções negativas em relação aos outros e à sua realidade, bem como aqueles que se esquivam de suas responsabilidades no mundo físico, estão igualmente distantes de alcançar a verdadeira consciência espiritual.

É um equívoco comum pensar que a espiritualidade é sinônimo de desapego do mundo material. Na realidade, o verdadeiro crescimento espiritual exige um envolvimento ativo com o ambiente que nos cerca e uma disposição para confrontar as complexidades da existência humana.

Considere, por exemplo, a natureza paradoxal da sabedoria. Pode-se supor que um monge dedicado a uma vida de busca espiritual possuiria inerentemente mais sabedoria do que um criminoso. Entretanto, essa suposição muitas vezes se revela falsa. Um monge pode estar perdido no mundo real, apegando-se a crenças dogmáticas e rituais que o cegam para a verdadeira natureza da existência.

Por outro lado, um criminoso, embora moralmente repreensível, pode ter uma compreensão mais clara das duras realidades da vida. De fato, muitas pessoas rotuladas como criminosas são prisioneiros políticos, delatores que expuseram crimes de guerra ou simplesmente indivíduos que agiram em legítima defesa quando suas vidas foram ameaçadas ou para proteger outra pessoa. Não se trata de glorificar o comportamento criminoso, mas sim de ilustrar que a sabedoria e a consciência espiritual não estão confinadas às fronteiras religiosas ou sociais tradicionais.

A verdade dessa perspectiva pode ser ofensiva para aqueles que se recusam a vê-la, o que, por si só, é uma evidência de sua incapacidade de confrontar a realidade em um nível mais elevado de consciência. Os líderes religiosos e seus seguidores geralmente formam comunidades muito unidas com base em crenças e entendimentos compartilhados.

Embora esse senso de pertencimento possa ser reconfortante, ele também pode inibir o crescimento espiritual individual e o pensamento crítico. Em um nível mais elevado de consciência, pode-se questionar os próprios fundamentos das práticas religiosas e do simbolismo.

Considere, por exemplo, a tradição cristã de adorar uma figura crucificada e consumir ritualmente sangue simbólico. Para um observador objetivo, essas práticas podem parecer bizarras ou até mesmo perturbadoras. Mas os adeptos muitas vezes deixam de examinar criticamente o impacto psicológico de tais rituais em suas mentes e em sua visão geral do mundo.

Essa falta de autorreflexão e análise crítica é um obstáculo significativo para alcançar a verdadeira consciência espiritual. É fundamental entender que os rituais, embora potencialmente significativos, também podem servir para cegar nossa consciência e impedir nosso crescimento espiritual.

Um indivíduo verdadeiramente iluminado reconheceria que não há nada inerentemente santo ou sagrado em perpetuar ideias obscuras sobre o mundo ou em promover a arrogância por meio da afiliação religiosa. A verdadeira espiritualidade está no cultivo de uma compreensão profunda de si mesmo e do mundo ao nosso redor, livre das restrições de crenças dogmáticas e práticas ritualísticas.

Uma das contradições mais gritantes na prática religiosa vem da observação de que alguns dos indivíduos mais egoístas, gananciosos e moralmente corruptos da sociedade geralmente afirmam ser seguidores devotos de textos religiosos como a Bíblia. Essa grande discrepância entre as crenças professadas e o comportamento real deve nos levar a questionar o verdadeiro valor e a intenção desses textos sagrados.

Quando os ensinamentos de um livro religioso não conseguem inspirar um crescimento moral e espiritual genuíno em seus adeptos, devemos examinar criticamente sua relevância e eficácia na orientação do comportamento humano. Para realmente entender o valor de qualquer texto religioso ou espiritual, devemos considerar seu contexto histórico e os eventos que envolvem sua criação e disseminação.

No caso do cristianismo, por exemplo, nos deparamos com inúmeras inconsistências e interpretações questionáveis. Por exemplo, como podemos confiar cegamente nas interpretações dos apóstolos, que o próprio Jesus muitas vezes criticou por sua falta de compreensão?

Além disso, o processo de canonização, que levou à exclusão de vários textos da Bíblia oficial, levanta questões sobre os motivos por trás dessas decisões. A supressão de narrativas alternativas, como as que apresentam Maria Madalena como a verdadeira herdeira dos ensinamentos de Jesus, revela um viés profundamente enraizado na formação da doutrina cristã.

Capítulo 2: Além da Ilusão Coletiva

O preconceito religioso se estende à relutância em explorar ou aceitar possibilidades que desafiam as narrativas tradicionais, como a ideia de que Jesus pode ter sido casado ou ter estudado budismo no Tibete. Essas possibilidades não são mera especulação, mas baseiam-se em evidências históricas e textos alternativos que têm sido sistematicamente marginalizados pelas principais instituições religiosas.

Entretanto, a tendência de ver as religiões como hierarquicamente divididas e de tratar os grupos religiosos como tribos que precisam de proteção é uma manifestação de nosso medo e insegurança coletivos. Essa mentalidade tribal não apenas dificulta o diálogo e o entendimento inter-religioso, mas também impede que os indivíduos explorem as verdades espirituais além dos limites de suas crenças herdadas. O verdadeiro crescimento espiritual exige a coragem de questionar as normas estabelecidas e a disposição de aceitar verdades incômodas.

Como sociedade, continuamos a lutar contra nosso medo do desconhecido e nossa tendência a negar verdades que desafiam nossa confortável visão de mundo. Aceitamos seletivamente os fatos que se encaixam em nossas noções preconcebidas e rejeitamos aqueles que contradizem nossas crenças.

Essa aceitação seletiva da verdade não é um fenômeno novo; ao longo da história, os verdadeiros profetas e líderes espirituais enfrentaram perseguição e rejeição durante a vida, para depois serem reverenciados após a morte. Achamos mais fácil adorar profetas mortos porque eles não representam mais uma ameaça às nossas interpretações errôneas de seus ensinamentos.

Por outro lado, os líderes espirituais vivos geralmente enfrentam hostilidade porque desafiam o status quo e expõem as falhas em nossa compreensão coletiva da espiritualidade e da moralidade. Se imaginássemos Cristo vivo hoje, é altamente improvável que ele confiasse sua igreja às mesmas instituições responsáveis por sua crucificação - as estruturas de poder que lembram o Império Romano.

O fato de Cristo não ter deixado nenhum registro escrito de seus ensinamentos levanta questões significativas sobre a autenticidade das palavras atribuídas a ele. Não podemos ter certeza de que o Deus descrito na Bíblia (que, por sua vez, é uma tradução errada do termo hebraico para "deuses") é o mesmo ser divino ao qual Cristo se referiu em seus ensinamentos.

Além disso, devemos nos perguntar se as palavras atribuídas a Cristo refletem com precisão sua mensagem original ou se foram distorcidas por séculos de interpretação e reinterpretação. Um aspecto crucial dos ensinamentos de Cristo que foi mal interpretado é a frase comumente traduzida como "livrai-nos do mal". De fato, o texto original refere-se à libertação da "culpa", não do "mal".

Essa distinção é de suma importância para a compreensão da verdadeira natureza do crescimento espiritual e da iluminação. O foco na culpa em vez de no mal sugere que nosso principal desafio espiritual não é combater alguma força externa de maldade, mas sim nos libertarmos do fardo da culpa que nos impede de abraçar nosso verdadeiro eu e viver autenticamente.

A ênfase na culpa é significativa porque aborda a causa principal de muitas lutas espirituais e psicológicas. Não devemos nos sentir culpados por sermos diferentes, por contradizermos a opinião popular, por nos opormos a falsidades generalizadas ou por defendermos a verdade.

O conceito de maldade é abstrato e subjetivo, o que torna fácil para indivíduos e instituições rotular qualquer coisa que se oponha às suas crenças como maldade. Na realidade, o verdadeiro mal que assola a humanidade é a ignorância disfarçada de arrogância - a falta de vontade de permitir o questionamento de crenças comumente aceitas e a defesa agressiva de falsidades.

O mundo em que vivemos está, em muitos aspectos, envolto em uma mentira coletiva - uma ilusão compartilhada que protegemos ferozmente por medo e insegurança. Essa mentira se manifesta de várias formas: doutrinas religiosas rígidas, normas sociais opressivas e ideologias políticas tacanhas.

A maioria da humanidade dorme nessa mentira, perpetuando inconscientemente ciclos de ignorância e sofrimento. Quando confrontada com verdades que desafiam essa ilusão coletiva, a sociedade normalmente reage com hostilidade e agressão, agarrando-se desesperadamente a falsidades familiares em vez de abraçar o desconforto do crescimento e da mudança.

Para realmente progredir em nossa jornada espiritual, precisamos cultivar a coragem de questionar tudo - nossas crenças, nossas tradições e até mesmo nossas suposições mais queridas sobre a natureza da realidade. Esse processo de questionamento e autorreflexão não é fácil; ele exige que confrontemos nossos medos e inseguranças mais profundos. No entanto, é somente por meio desse processo desafiador que podemos esperar alcançar a verdadeira consciência espiritual e a paz interior.

Ao navegarmos pelo complexo cenário da espiritualidade no mundo moderno, devemos nos manter vigilantes contra a tentação de buscar respostas fáceis ou seguir cegamente líderes carismáticos. O verdadeiro crescimento espiritual exige disposição para enfrentar verdades incômodas e humildade para admitir quando nossas crenças são falhas ou incompletas.

Capítulo 3: Perda Transformadora

O progresso espiritual exige que equilibremos nossa jornada espiritual interior com nossas responsabilidades no mundo material, reconhecendo que a verdadeira iluminação não se trata de escapar da realidade, mas de abraçá-la e transformá-la totalmente. A experiência humana é uma complexa tapeçaria de luta, triunfo e transformação, mas, em sua essência, nossa jornada pela vida é definida por nosso relacionamento com o mundo material - um reino que inclui não apenas nossas posses físicas, mas também nossos relacionamentos com os outros e nossas circunstâncias financeiras. Essa luta com a fisicalidade de nosso mundo não é um acidente ou um aspecto infeliz da existência; ao contrário, ela serve a um propósito profundo em nossa evolução pessoal e coletiva.

Considere por um momento a natureza de nossos desafios. Quer lutemos com conflitos interpessoais, dificuldades financeiras ou falta de bens desejados, essas lutas não são arbitrárias. Elas existem porque há lições inestimáveis a serem aprendidas no processo de obtenção de benefícios espirituais. É um currículo cósmico, se preferir, projetado para promover nosso crescimento e compreensão.

O aspecto fascinante dessa jornada é que, uma vez que superamos com sucesso esses desafios e adquirimos os benefícios materiais que buscamos, ocorre um fenômeno curioso. Os próprios elementos que antes eram tão importantes em nossa vida começam a perder seu propósito. Eles gradualmente ficam em segundo plano, dando lugar a desafios novos e mais complexos. Esse ciclo de luta, conquista e renovação é um aspecto fundamental de nossa existência e nos impulsiona a níveis mais elevados de consciência e compreensão.

Para ilustrar esse conceito, vamos considerar o campo da saúde e da doença. Muitos dos males que nos afligem não são ocorrências aleatórias, mas sim manifestações de desequilíbrios emocionais em nosso corpo. Esses desequilíbrios, geralmente enraizados em nossos pensamentos, crenças e reações às circunstâncias da vida, podem se manifestar como sintomas físicos.

A abordagem convencional para lidar com esses problemas geralmente envolve combater os sintomas com métodos que podem inadvertidamente criar mais desequilíbrio. Essa luta mal orientada pode, em alguns casos, acelerar a progressão da doença em vez de facilitar a cura.

A chave para a verdadeira cura e o crescimento não está em combater esses desafios com mais discórdia, mas em compreender as lições subjacentes que eles apresentam. Ao abordar as causas fundamentais de nossos desequilíbrios emocionais e nos alinharmos com uma maneira mais harmoniosa de ser, podemos, muitas vezes, resolver esses problemas em sua origem.

Essa abordagem exige uma mudança de perspectiva - deixar de ver a doença como um inimigo a ser derrotado e passar a vê-la como uma mensageira que traz informações importantes sobre nosso estado interior. Devemos nos esforçar para nos sentir bem e comer bem, não para evitar doenças, mas porque entendemos que essas práticas são um modo de vida natural.

Da mesma forma, há uma profunda sabedoria a ser encontrada na experiência da perda. Seja a perda de bens, segurança financeira, emprego, amigos ou entes queridos, essas experiências, embora indubitavelmente dolorosas, carregam em si as sementes de um tremendo crescimento e esclarecimento. Até mesmo a perda definitiva, a própria morte, ocupa um lugar especial na grande tapeçaria da existência.

A dor associada à perda muitas vezes nos cega para a compreensão mais profunda que pode advir dessas experiências. Nossa tendência natural é resistir, lutar contra a maré da mudança e da impermanência. Mas, ao fazer isso, muitas vezes perdemos as lições valiosas e o potencial transformador inerentes a esses momentos desafiadores.

Considere as palavras de Steve Jobs, um visionário que revolucionou o cenário tecnológico de nosso mundo. Em seu discurso final, proferido sabendo que sua própria morte era iminente, Jobs fez uma declaração profunda: que a morte é a melhor criação da vida.

Essa declaração, vinda de um homem que alcançou sucesso e influência notáveis em sua vida, diz muito sobre a sabedoria que ele adquiriu em sua jornada. A capacidade de Jobs de aceitar seu verdadeiro propósito na vida, mesmo diante de sua própria mortalidade, é um testemunho de sua profunda compreensão da existência. Está claro que, em sua mente, suas contribuições para o mundo foram muito além do domínio da tecnologia. Embora ele tenha nos proporcionado inovações revolucionárias, seu verdadeiro legado está na maneira como ele mudou nossa relação com a tecnologia. Ele mudou fundamentalmente a maneira como percebemos e interagimos com essas ferramentas, provavelmente cumprindo uma visão que tinha desde o início de sua carreira.

Essa aceitação do propósito de cada um e o reconhecimento da natureza transitória da existência material é uma lição poderosa para todos nós. Ela nos convida a olhar além do nível superficial de nossas realizações e posses para buscar o significado e o impacto mais profundos de nossas vidas.

Capítulo 4: Adversidade Para o Crescimento

Quando mudamos nosso foco para o cenário econômico mais amplo, podemos observar um fenômeno fascinante: Os desafios econômicos globais que enfrentamos nos últimos anos tiveram um lado positivo inesperado - eles provocaram um ressurgimento do interesse pela espiritualidade e pelo crescimento pessoal.

Em tempos de escassez material ou incerteza, as pessoas geralmente se voltam para dentro de si mesmas, buscando significado e realização além do âmbito das posses físicas. Essa mudança é evidente nas alterações no comportamento do consumidor. Por exemplo, enquanto os setores tradicionais, como o de vestuário, registraram queda nos lucros, as vendas de livros - especialmente aqueles voltados para o desenvolvimento pessoal, a espiritualidade e a transformação da vida - aumentaram drasticamente.

Essa tendência sugere uma mudança profunda nos valores sociais. Estamos testemunhando uma priorização coletiva do crescimento espiritual e pessoal em relação às meras aparências. As pessoas agora estão mais dispostas a investir seus recursos - tanto tempo quanto dinheiro - em aprendizado, autoaperfeiçoamento e expansão de suas perspectivas sobre valores pessoais. Estamos nos afastando da busca superficial de bens materiais e símbolos de status e nos concentrando, em vez disso, no crescimento e na transformação interior.

Embora a motivação subjacente permaneça a mesma - o desejo de uma vida melhor - a diferença está em como definimos melhor. Em vez de buscar a realização por meio da validação externa e da acumulação material, cada vez mais pessoas estão reconhecendo que a verdadeira satisfação vem de dentro. Elas estão embarcando em jornadas de autodescoberta, buscando entender seu lugar no mundo e seu propósito único.

Essa mudança em direção à espiritualidade e ao crescimento pessoal não nega a importância do mundo material. Ao contrário, ela nos convida a desenvolver um relacionamento mais equilibrado com a materialidade. O objetivo não é rejeitar completamente o mundo físico, mas entender seu lugar adequado em nossas vidas.

Os bens e as conquistas materiais podem melhorar nossa experiência de vida, mas não devem ser a única fonte de nossa identidade ou felicidade. Os desafios que enfrentamos no mundo material servem como catalisadores para essa exploração mais profunda do eu. Eles nos tiram de nossas zonas de conforto, forçando-nos a questionar nossas suposições e reavaliar nossas prioridades.

Dessa forma, até mesmo as circunstâncias mais desafiadoras podem ser vistas como oportunidades de crescimento e transformação. Considere o conceito de resiliência - a capacidade de se recuperar da adversidade. Essa qualidade não é inata, mas é desenvolvida por meio da experiência.

Cada desafio que enfrentamos, cada perda que sofremos, tem o potencial de fortalecer nossa resiliência. Ao superarmos essas dificuldades, descobrimos recursos internos que talvez não soubéssemos que possuíamos. Aprendemos a nos adaptar, a encontrar soluções criativas e a perseverar diante dos obstáculos.

Além disso, esses desafios geralmente nos levam a estabelecer conexões mais profundas com outras pessoas. Em momentos de necessidade, geralmente recorremos às nossas comunidades em busca de apoio, fortalecendo os laços de conexão humana. Isso nos lembra de nossa interconexão fundamental e da importância da compaixão e do apoio mútuo. Mas quando não somos abençoados com uma comunidade assim, precisamos confiar em nosso próprio otimismo.

A prática de ver a vida por meio de uma lente positiva não é apenas um chavão para se sentir bem; é uma ferramenta poderosa que pode alterar fundamentalmente nosso cenário emocional e aumentar nosso poder pessoal de efetuar mudanças. Essa transformação começa quando nos reposicionamos como observadores de nossas próprias vidas, em vez de meros participantes presos no fluxo e refluxo das circunstâncias.

Para realmente entender o significado dessa mudança, precisamos primeiro reconhecer o estado atual do nosso mundo. Vivemos em uma época em que a mídia e o entretenimento frequentemente promovem a divisão, o conflito e até mesmo o ódio. Os veículos de notícias sensacionalizam as histórias, os algoritmos de mídia social amplificam a indignação e os filmes glorificam a violência e a vingança. Nesse clima, é muito fácil para as pessoas ficarem presas em um ciclo de negatividade, sempre procurando alguém ou algo para culpar por seu descontentamento.

Essa atmosfera generalizada de antagonismo levou a uma sociedade em que as pessoas se tornaram cada vez mais egoístas e vingativas. O anonimato proporcionado pela Internet exacerbou essa tendência, permitindo que os indivíduos ataquem os outros sem enfrentar consequências imediatas. Nesse ambiente tóxico, determinados grupos tendem a se tornar alvos fáceis para aqueles que guardam rancor ou buscam uma válvula de escape para suas frustrações.

Os artistas, em particular, muitas vezes se encontram na mira da crítica e do ódio do público. Músicos, atores e escritores que colocam seu trabalho e a si mesmos no mundo tornam-se para-raios para o vitríolo daqueles que lutam com seus próprios demônios.

Esse fenômeno não é acidental; ele fala de uma verdade mais profunda sobre a natureza humana e o papel do conflito no crescimento pessoal e social. A promoção do ódio serve a um propósito sinistro: cegar a consciência do acesso à verdade.

Capítulo 5: Evolução Por Meio de Conflitos

Aqueles que se envolvem em comportamentos agressivos geralmente experimentam um falso senso de superioridade, uma sensação fugaz de poder que preenche temporariamente o vazio interior. Mas essa força ilusória age como uma barreira, bloqueando sua consciência de verdades mais profundas e impedindo a verdadeira autorreflexão.

Essa dinâmica também revela uma verdade paradoxal: sem seus detratores, os perseguidos podem não se sentir tão motivados ou espiritualmente alinhados em sua missão. A oposição que enfrentam geralmente fortalece sua determinação e os impulsiona a atingir patamares mais elevados de criatividade e autoexpressão. Dessa forma, o ódio de muitos, inadvertidamente, alimenta o trabalho de poucos, criando uma simbiose perfeita, embora incômoda.

A relação entre conflito e crescimento é um princípio fundamental que podemos observar em toda a natureza e na história humana. Assim como os vírus na Terra promovem sistemas imunológicos mais fortes nos organismos vivos, os desafios que enfrentamos como indivíduos e sociedades podem levar a uma maior adaptação.

Considere a complexa interação de diferentes ideologias e sistemas de crenças. A existência do Islã, por exemplo, desempenhou um papel significativo na formação do desenvolvimento e da disseminação do catolicismo. As duas religiões, muitas vezes retratadas como adversárias, de fato se influenciaram profundamente ao longo dos séculos, resultando em refinamentos teológicos, intercâmbios culturais e até mesmo períodos de coexistência que enriqueceram a civilização humana.

Da mesma forma, eventos históricos que poderíamos considerar claramente negativos muitas vezes levaram a resultados positivos inesperados. Por exemplo, o exílio de criminosos europeus em colônias distantes levou à criação de nações como os Estados Unidos, que se tornaram uma superpotência global e um farol de democracia, embora com sua própria história complexa e desafios contínuos.

O ódio, o conflito e a adversidade muitas vezes servem como catalisadores de mudanças significativas em nosso mundo. Aqueles que entendem esse princípio - sejam eles líderes políticos, reformadores sociais ou líderes espirituais - podem até mesmo provocar ou canalizar deliberadamente essas emoções negativas para promover a mudança desejada. Mas essa compreensão não deve nos levar a glorificar o ódio ou o conflito. Em vez disso, deve nos levar a considerar como a energia da oposição e do desafio pode ser aproveitada de maneiras mais construtivas.

A pior coisa que um indivíduo marginalizado pode fazer é responder à opressão sistêmica com vandalismo irracional ou slogans grosseiros. Essas ações apenas reforçam estereótipos negativos e justificam mais opressão. Em vez disso, canalizar essa raiva e frustração para a arte, a literatura ou o ativismo pacífico pode ser muito mais poderoso e transformador.

Escrever poemas sobre racismo nas paredes das ruas, em vez de pintar obscenidades, eleva o discurso e força a sociedade a confrontar verdades incômodas. Mas também devemos reconhecer os riscos inerentes a esses atos de rebelião. Ao longo da história, aqueles que falam a verdade ao poder muitas vezes enfrentaram graves consequências, incluindo perseguição e até mesmo a morte.

Isso nos leva a uma pergunta desafiadora: Como podemos conciliar a necessidade de mudança social com a resposta, muitas vezes brutal, de sistemas opressores? Podemos condenar nações como a China por seu tratamento severo aos dissidentes quando entendemos a complexa dinâmica em jogo?

A resposta não é simples, mas está no reconhecimento das consequências de longo prazo da repressão e do poder das ideias de sobreviverem aos seus criadores. A solidão e o sofrimento vividos por aqueles que vivem sob regimes opressivos ou enfrentam discriminação sistêmica geralmente se tornam o cadinho no qual verdades profundas são forjadas. Quando as fontes externas de conforto e validação são removidas, os indivíduos são forçados a olhar para dentro de si em busca de força e significado. Essa jornada interna pode levar a percepções profundas e a um crescimento espiritual que talvez nunca tenha sido alcançado em circunstâncias mais confortáveis.

Ao longo da história, profetas, filósofos e revolucionários emergiram desses cadinhos de adversidade. Eles entenderam, talvez intuitivamente, que as verdades que descobriram não poderiam ser totalmente transmitidas a seus seguidores. Cada indivíduo deve fazer sua própria jornada de descoberta, enfrentando seus próprios desafios e chegando a suas próprias realizações.

Essa natureza cíclica de crescimento por meio da adversidade reflete o que alguns podem chamar de Tao definitivo da realidade. É um ciclo sem fim no qual a morte promove a vida e a luta leva à força. Milhões de parasitas metafóricos - sejam eles sistemas opressivos, desafios pessoais ou conflitos sociais - servem para fortalecer algumas almas iluminadas. Esses indivíduos, por meio de suas percepções e ações, beneficiam as gerações futuras e fazem a humanidade avançar em sua evolução coletiva.

Esse paradigma nos leva de volta à importância da perspectiva. Ele nos capacita a lidar de forma mais eficaz com a injustiça e a entender seu papel em nosso crescimento pessoal e coletivo.

Capítulo 6: Superando a Depressão

Podemos aprender a canalizar nossa raiva, frustração e até mesmo ódio em ações construtivas que promovam mudanças positivas. Além disso, ao cultivar uma perspectiva positiva, podemos acessar reservatórios de poder pessoal que talvez nunca soubéssemos que existiam. Tornamo-nos menos reativos à negatividade ao nosso redor e mais capazes de criar mudanças significativas em nossas vidas e no mundo ao nosso redor. Essa atitude também pode ajudar a erradicar a depressão.

Em um mundo competitivo e individualista, a natureza da depressão é muitas vezes mal compreendida, mas ela não é apenas um estado de espírito, é uma profunda incapacidade de recuperar crenças positivas sobre si mesmo e sobre o mundo. Essa perspectiva desafia o entendimento convencional da depressão como um simples estado emocional. Em vez disso, devemos vê-la como um fenômeno complexo que atinge o âmago do nosso ser - nosso senso de identidade.

Quando falamos de autoconsciência, estamos nos referindo à consciência intrínseca de nossos próprios pensamentos e sentimentos. É essa autoconsciência que nos permite navegar pelo mundo com propósito e significado. A depressão, em sua forma mais insidiosa, corrói esse aspecto fundamental de nossa humanidade. É como se um véu caísse sobre nossa consciência, obscurecendo nossa capacidade de perceber nosso próprio valor e potencial. Essa condição se manifesta como uma evitação da perspectiva do sofrimento.

Considere por um momento o conceito de alma perdida, que capta a essência do que significa estar realmente deprimido. Uma alma perdida é aquela que se desconectou de seu próprio propósito, vagando em uma escuridão metafórica sem um senso claro de direção ou significado. É nesse estado de desconexão que a depressão encontra seu terreno mais fértil.

A felicidade, por outro lado, surge de um estado de espírito composto de crenças e atitudes sólidas. Não se trata de uma emoção passageira, mas de um estado de ser robusto que pode suportar as vicissitudes da vida.

Quando temos uma forte crença em nós mesmos e em nosso lugar no mundo, cultivamos uma atitude que pode resistir até mesmo às tempestades mais desafiadoras. Essa resiliência é a antítese da depressão - é a luz que dissipa a escuridão de uma alma perdida. No entanto, o caminho para a felicidade nem sempre é simples, e muitas pessoas procuram a realização nos lugares errados.

Em nosso mundo materialista, há uma crença generalizada de que a felicidade pode ser encontrada na aquisição de objetos ou na busca do prazer físico. Essa crença é uma ilusão perigosa que pode levar à perda total da alma.

A pessoa que busca a felicidade somente por meio de bens materiais ou experiências físicas efêmeras é como uma pessoa que tenta matar a sede com água salgada. Quanto mais consome, mais ressecada fica. Essa busca é uma forma de desidratação espiritual que deixa o indivíduo mais vazio e insatisfeito a cada aquisição ou experiência. A tragédia é que essa pessoa perdeu o contato com seu eu interior, sua alma, na busca incessante de validação externa e satisfação temporária.

Em contraste, há um nível mais elevado de existência - um nível de ser em que é possível encontrar profunda satisfação nas experiências mais simples. Imagine, por exemplo, uma pessoa que consegue sentir uma conexão profunda consigo mesma e com o universo por meio de algo tão efêmero quanto um raio de luz. Essa pessoa entrou em contato com uma fonte de paz interior que transcende o mundo material. Ela cultivou uma consciência não reativa, um estado de ser que lhe permite observar as experiências da vida sem ser consumida por elas.

Esse estado de consciência não reativa é semelhante ao conceito de atenção plena das filosofias orientais. Ele envolve estar totalmente presente no momento, observando os próprios pensamentos e sentimentos sem julgamento ou apego. Quando alcançamos esse estado, começamos a entender o que a vida realmente é, além de nossas percepções e desejos imediatos. Percebemos que nosso valor como seres humanos não é determinado pelo que possuímos ou alcançamos, mas por nosso valor inerente como seres conscientes e sencientes.

O contraste entre esses dois modos de existência - o materialista e o consciente - destaca uma verdade fundamental sobre a natureza humana. Existimos em um espectro de consciência, com alguns indivíduos presos nos níveis mais baixos de existência, enquanto outros ascendem aos níveis mais altos de consciência.

Na extremidade inferior, as pessoas tentam desesperadamente construir sua autoestima por meio do acúmulo de objetos e realizações socialmente validadas. São como construtores que tentam erguer um arranha-céu sobre areias movediças, sem nunca perceber que a própria fundação é instável. No entanto, na extremidade superior desse espectro, encontramos indivíduos que perceberam que o verdadeiro valor existe além do reino dos objetos físicos. Para essas almas iluminadas, o valor pessoal aumenta independentemente de posses materiais ou realizações mundanas. Eles exploraram uma fonte de autoestima que é autossustentável e autorrenovável.

Capítulo 7: Verdade Compassiva

Aqueles que alcançaram uma consciência espiritual mais elevada não evitaram todas as buscas mundanas, mas se engajaram no mundo a partir de um lugar de abundância interior em vez de falta interior. Eles observaram e abraçaram uma verdade paradoxal: às vezes, a melhor ação é a não ação.

Em um mundo que muitas vezes equipara a ocupação com produtividade e valor, a ideia de não ação pode parecer contraintuitiva, mas quando consideramos as consequências de nossas ações, começamos a ver a sabedoria dessa abordagem. A não-ação, quando leva a resultados positivos, pode ser muito mais valiosa do que a atividade frenética que leva a resultados negativos ou a nenhum resultado efetivo.

Considere, por exemplo, a prática da meditação. Para um observador externo, um meditador pode parecer que não está fazendo nada. Ele fica quieto, com os olhos fechados, aparentemente desconectado do mundo ao seu redor. No entanto, nesse estado de aparente inação, podem ocorrer mudanças profundas na consciência do indivíduo. O estresse pode se dissipar, a clareza pode surgir e uma profunda sensação de paz pode se enraizar. As consequências positivas dessa "não ação" podem se espalhar por todos os aspectos da vida do meditador, melhorando os relacionamentos, aprimorando a criatividade e promovendo uma sensação de bem-estar geral.

O mesmo pode ser dito do indivíduo que, embora não viva uma vida de abundância, lê muito e acumula sabedoria sobre os aspectos de seu próprio ser que deseja mudar. Essa atividade consistente mudará seus padrões de pensamento e, por fim, o levará a uma nova vida, mesmo que ele pareça rejeitar a vida que tem e resista a se conformar com ela.

As ações tomadas sem considerar suas consequências podem levar a resultados negativos, não importa quão bem intencionadas sejam. Uma pessoa que se esforça constantemente para provar seu valor pode se ver presa em um ciclo de estresse e insatisfação. Suas ações, embora aparentemente progressivas, podem ser prejudiciais à sua saúde mental e emocional em longo prazo.

Isso nos leva a uma importante constatação: o valor de uma ação não está na ação em si, mas em seus resultados. Uma ação que parece insignificante na superfície pode ter efeitos positivos de longo alcance, enquanto um gesto grandioso pode acabar se revelando vazio ou até mesmo prejudicial.

Esse entendimento exige uma reavaliação de como abordamos nossa vida e nossa busca por felicidade e realização. À luz dessas percepções, podemos começar a traçar um caminho em direção a uma existência mais significativa e satisfatória. Esse caminho envolve cultivar a autoconsciência, desenvolver um forte senso de identidade que não dependa de validação externa e aprender a encontrar alegria e paz nos aspectos simples da vida. Isso exige que mudemos nosso foco da aquisição de coisas para o cultivo de experiências e relacionamentos que enriqueçam nossa vida interior. Também requer um equilíbrio entre ação e inação. Precisamos aprender a discernir quando devemos nos envolver ativamente com o mundo e quando devemos nos afastar e permitir que as coisas se desenrolem naturalmente. Esse discernimento vem de um lugar de sabedoria interior e autoconhecimento, qualidades que são nutridas por meio de práticas como meditação, autorreflexão e vida consciente.

Com essas práticas, podemos descobrir que nossa compreensão da depressão evolui. Em vez de vê-la apenas como uma condição mental a ser tratada com medicamentos ou terapia, podemos vê-la como um chamado para nos reconectarmos com nosso eu interior. Visto dessa forma, a depressão se torna um sinal de que nos desviamos de nosso verdadeiro caminho, que perdemos contato com nossa natureza essencial. A cura da depressão, portanto, envolve mais do que apenas aliviar os sintomas. Requer uma mudança fundamental na forma como percebemos a nós mesmos e nosso lugar no mundo. Requer a reconexão com nossa fonte interna de força e a redescoberta de nosso valor inerente.

Esse processo pode envolver o desafio de crenças profundamente arraigadas sobre sucesso, felicidade e realização. Pode exigir que abandonemos as expectativas da sociedade e forjemos nosso próprio caminho com base em nossos valores e desejos autênticos. Esse não é um caminho linear, mas uma abordagem multifacetada para o crescimento e a autodescoberta. Envolve o reconhecimento das limitações de uma visão materialista do mundo e a adoção de uma compreensão mais holística da existência humana. Ao cultivar crenças fortes e aprender a encontrar paz na consciência não reativa, podemos recuperar nossas almas perdidas e redescobrir o verdadeiro significado da vida além das armadilhas superficiais do mundo físico.

A felicidade é um estado de ser que surge naturalmente quando estamos alinhados com nosso verdadeiro eu e vivendo em harmonia com o mundo ao nosso redor. Ao adotar essa perspectiva, nos abrimos para uma existência mais rica e gratificante, que transcende as limitações da depressão e nos permite experimentar toda a profundidade e beleza do que significa ser humano.

Capítulo 8: Equilíbrio Entre Dados e Empatia

A autenticidade e a verdade são necessárias para que se possa encontrar a felicidade, mas na busca da verdade, a humanidade há muito tempo luta com as limitações da consciência individual, dos valores sociais e da observação pessoal. Assim, a busca pela compreensão nos levou a inúmeros caminhos, desde a investigação científica até a contemplação filosófica, enquanto o nível mais alto da verdade permanece elusivo, tentadoramente além do alcance de uma única mente.

Essa constatação nos leva a uma profunda percepção: o caminho para a verdade não é uma jornada solitária, mas um esforço coletivo que exige o acúmulo de diversas perspectivas. A mente humana, por mais notável que seja, opera dentro dos limites de suas próprias experiências e preconceitos. Mesmo os mais brilhantes entre nós não conseguem escapar das limitações inerentes à percepção individual.

A pesquisa científica, embora inestimável em sua abordagem metódica para descobrir o conhecimento, é, em última análise, guiada pelo intelecto humano, pelo estado humano de consciência e pela capacidade humana de conceituar novas hipóteses e, portanto, está sujeita a essas limitações. Para superar essas limitações, precisamos olhar além do indivíduo e abraçar o poder da inteligência coletiva de uma fonte espiritual. No campo da análise de dados, por exemplo, encontramos o conceito de metadados - informações sobre informações. Esse princípio, quando aplicado ao conhecimento e à experiência humana, fornece uma estrutura convincente para entender a verdade em uma escala maior. Ao agregar e analisar grandes quantidades de pensamento, comportamento e interação humana, podemos começar a discernir padrões e percepções que permanecem invisíveis em nível individual.

Embora os avanços na inteligência artificial tenham finalmente nos permitido alcançar um nível tão alto de compreensão sobre a vida, o desafio fundamental para atingir esse estado permanece: Nossa capacidade de fazer as perguntas certas. Essa capacidade não vem das ferramentas que criamos para aprimorar nosso potencial de pensar melhor, mas sim de um estado espiritual mais elevado.

Em nossa era digital moderna, estamos em um momento único em que a agregação de perspectivas humanas atingiu níveis sem precedentes. Os gigantes da tecnologia acumularam conjuntos de dados colossais que abrangem os pensamentos, os desejos e os medos de bilhões de pessoas em todo o mundo. Essas empresas se aventuraram em áreas muito além do alcance dos estudos acadêmicos tradicionais, oferecendo percepções inigualáveis sobre a condição humana. No entanto, é fundamental reconhecer que as motivações que impulsionam essas empresas têm como base principal o lucro e o controle, e não a busca de verdades universais ou o cultivo de valores humanos. Embora seus dados possam oferecer percepções valiosas, devemos abordá-los com cautela e pensamento crítico, entendendo que as informações que eles possuem são filtradas pelas lentes dos interesses comerciais.

A capacidade de assimilar várias perspectivas, sem dúvida, melhora nossa compreensão de propósitos ou metas específicos. No âmbito dos negócios e investimentos, por exemplo, essa abordagem pode gerar recursos preditivos poderosos. Ao analisar tendências, comportamento do consumidor e dinâmica do mercado, é possível tomar decisões informadas sobre resultados futuros com um grau razoável de precisão. Mas a verdadeira sabedoria - uma compreensão mais profunda da realidade - não pode ser alcançada somente por meio da análise de dados. Ela exige uma jornada de compaixão e crescimento pessoal que transcende a mera coleta de informações. Esse caminho de sabedoria nos permite não apenas prever possíveis futuros, mas também compreender as forças subjacentes que moldam a natureza humana e nosso relacionamento com o Divino.

No cenário da orientação espiritual e filosófica, encontramos dois arquétipos diferentes de adivinhos e gurus. O primeiro tipo fala por meio das pessoas, canalizando a sabedoria e a experiência coletivas. O segundo opera por meio de seu próprio alter ego, baseando-se principalmente em percepções e revelações pessoais. Das duas abordagens, a última é mais propensa ao fracasso porque não tem a amplitude e a profundidade de perspectiva que advém do envolvimento com diversas experiências humanas.

Desenvolver a compaixão é a chave para desbloquear um nível mais elevado de percepção da verdade. Ela permite a observação da realidade sem a necessidade de processos complexos de pensamento analítico. Esse estado de ser é uma reminiscência da observação ingênua que as crianças possuem naturalmente - uma habilidade que muitos adultos perderam contato com o tempo.

Paradoxalmente, a própria necessidade de cultivar a compaixão surge da perda dessa capacidade inata de perceber o mundo com abertura e admiração. Em sua essência, a verdade tem a ver com a observação direta, sem noções preconcebidas ou suposições. Ela exige que nos envolvamos com o mundo e com as pessoas ao nosso redor em um estado de abertura e receptividade.

Capítulo 9: Nossa Jornada Terrena

Uma prática poderosa para cultivar a atenção plena é aprender a arte de ver verdadeiramente outra pessoa. Ao olharmos nos olhos de alguém com presença e atenção genuínas, podemos começar a sentir suas emoções, absorver seus pensamentos e entender a perspectiva que ela tem de nós. Essa conexão profunda e empática nos permite conhecer as motivações da outra pessoa e até mesmo seu nível de honestidade ou desonestidade.

Quanto mais emoções pudermos perceber e entender nos outros, mais claramente poderemos ver nosso papel em suas vidas do ponto de vista deles. Essa prática de observação empática não é muito diferente do conceito de "terceiro olho" da filosofia hindu, um símbolo de consciência superior e percepção espiritual. De fato, à medida que adquirimos experiência por meio dessa abordagem compassiva e observadora da vida, crescemos em compreensão mútua e desenvolvemos uma nova perspectiva sobre a existência. Não é uma questão de aceitar os outros com suas imperfeições, mas de julgá-los melhor.

Essa perspectiva de terceira pessoa nos permite sair de nossas próprias percepções limitadas e ver a interconexão de todos os seres. Por meio dessa lente, podemos começar a compreender verdades mais profundas sobre a experiência humana e nosso lugar no universo.

A jornada rumo à verdade e à sabedoria é um equilíbrio delicado entre o acúmulo de conhecimento e o cultivo da compaixão. Embora os dados e as informações nos forneçam percepções valiosas sobre como o mundo funciona, é a nossa capacidade de empatia e compreensão que nos permite interpretar e aplicar esse conhecimento de maneiras mais profundas e significativas.

Em nosso mundo moderno, onde as informações são abundantes, mas a sabedoria muitas vezes parece escassa, é cada vez mais importante desenvolver nossas habilidades analíticas e compassivas. Precisamos aprender a navegar pelos vastos oceanos de dados disponíveis e, ao mesmo tempo, aperfeiçoar nossa capacidade de nos conectarmos com os outros em um nível emocional profundo. Essa abordagem dupla para entender a verdade pode ser aplicada a muitos aspectos de nossa vida. Em nossos relacionamentos pessoais, ela nos permite criar conexões mais fortes e autênticas com base na compreensão mútua e na empatia. Em nossa vida profissional, ela nos permite tomar decisões que não sejam apenas estrategicamente sólidas, mas também eticamente fundamentadas e conscientes do impacto que causam nos outros.

Em um nível social, adotar essa abordagem holística da verdade pode levar a uma governança mais compassiva e eficaz, pois os líderes aprendem a equilibrar as decisões baseadas em dados com uma compreensão genuína das experiências humanas por trás dos números. Ela pode promover uma cultura de melhor raciocínio e julgamento, em que o positivo é elevado e o negativo é suprimido, e em que perspectivas diversas, porém valiosas, são mais bem integradas à nossa sabedoria coletiva.

No âmago mais profundo de nosso ser, há significados que muitas vezes escapam às nossas percepções mundanas, portanto, a ideia de que a reencarnação serve como a maneira mais eficaz de aprender é intrigante e instigante, convidando-nos a nos aprofundarmos na natureza de nossa existência e no propósito de nossa permanência terrena. A reencarnação incorpora uma dança delicada entre nossa resistência a mudanças fundamentais e o poder transformador das experiências que redefinem quem somos. Essa interação cria uma tensão dinâmica que nos impulsiona para frente em nosso caminho espiritual, mesmo quando lutamos contra as correntes de crescimento e evolução.

O eu, essa construção enigmática que tanto prezamos, não é uma entidade estática, mas sim um amálgama fluido de experiências, moldado e modelado pelas lições que encontramos em nossas várias encarnações. Essas experiências não são ocorrências aleatórias, mas oportunidades cuidadosamente orquestradas de crescimento e compreensão. Elas são, em essência, catalisadores necessários para nosso desenvolvimento espiritual. No entanto, quando resistimos ou nos recusamos a integrar essas experiências cruciais, inadvertidamente nos aprisionamos em um campo energético de frequências, uma matriz espiritual que nos prende às mesmas lições que procuramos evitar. Essa resistência cria uma marca cármica, um tipo de dívida espiritual que deve ser paga em encarnações futuras.

Considere, por exemplo, o soldado que, endurecido pela brutalidade da guerra, se recusa a reconhecer a humanidade de seus oponentes ou a sentir compaixão por suas vítimas. Essa recusa em lidar com um aspecto fundamental de nossa humanidade comum cria um desequilíbrio cármico. Para corrigir isso, a alma pode escolher encarnar em uma vida subsequente como vítima de guerra, experimentando em primeira mão o medo, a dor e o sofrimento infligidos anteriormente a outros. Nessa nova encarnação, à medida que o ex-soldado se vê sendo vítima da violência e da opressão, ele começa a fazer perguntas profundas: "Por que esses soldados estão tentando me matar? Por que esta guerra está acontecendo?"

Essas perguntas marcam o início de uma mudança de perspectiva, um movimento de uma visão de mundo egocêntrica para uma que inclui as experiências e motivações dos outros.

Capítulo 10: O Continuum da Existência

A mudança para uma perspectiva de segunda pessoa é crucial porque permite o desenvolvimento de empatia e compaixão - as mesmas qualidades que provavelmente não existiam em uma vida anterior. Mas esse processo de mudança de perspectiva e aprendizado experimental não se limita a cenários extremos. Ele se aplica a todos os aspectos de nossa existência, desde nossos relacionamentos e escolhas profissionais até nossas crenças espirituais e valores morais. Cada vida nos apresenta um conjunto exclusivo de desafios e oportunidades cuidadosamente adaptados às lições específicas que precisamos aprender.

Nossa realidade pode ser vista sob essa luz como uma ilusão elaborada, um grande palco no qual representamos os dramas de nossa evolução espiritual. Esse teatro cósmico é projetado com precisão requintada para nos colocar frente a frente com as verdades fundamentais da compaixão e do propósito. Cada interação, cada triunfo e cada revés serve como um catalisador em potencial para o crescimento e a compreensão. A reencarnação, portanto, não é apenas um ciclo de nascimento e morte, mas uma jornada intencional da alma. É um mecanismo por meio do qual nos são dadas várias oportunidades de aprender, crescer e evoluir.

O número de encarnações que experimentamos não é predeterminado, mas está diretamente relacionado à nossa disposição e capacidade de integrar as lições que nos são apresentadas. Se não aprendermos ou rejeitarmos ativamente os ensinamentos oferecidos em uma vida, invariavelmente renasceremos em circunstâncias que nos darão outra chance de nos envolvermos com essas lições não aprendidas. O universo, em sua infinita sabedoria, garante que sejamos colocados no contexto mais apropriado para o nosso crescimento espiritual, mesmo que esse contexto pareça desafiador ou indesejável de nossa limitada perspectiva humana.

É interessante notar que nem todas as experiências exigem o confronto direto com os desafios apresentados. Em muitos casos, a resposta certa vem de uma mudança de perspectiva, que nos afasta da necessidade de resolver o problema e nos coloca em um novo paradigma.

Levei muitos anos para entender isso porque não consegui encontrar esse caminho em nenhum texto antigo ou moderno sobre espiritualidade. Em vez disso, tive de agir como um cientista do espírito para perceber que a solução para meus problemas estava dentro de mim, em minha necessidade de adquirir a coragem de mudar minha realidade em vez de tentar me adaptar a ela. Fundamentalmente, a lição mais importante que tive de aprender foi a arte de deixar ir - deixar ir a necessidade de agradar aos outros, a necessidade de ser aceito e a necessidade de ser apreciado. Por mais confuso que possa parecer, tive de superar a necessidade de ajudar os outros para finalmente me entender e resolver meus débitos cármicos. Entretanto, essa percepção também me tornou melhor e mais rápido como escritor, uma profissão que ocupa meu tempo agora, mas que se manifestaria como outra coisa se eu tivesse nascido séculos antes ou depois da minha reencarnação atual.

Esse entendimento da reencarnação como um processo educacional sem punições, exceto aquelas que aceitamos como nossas, nos leva a uma profunda compreensão: cada ação, pensamento e escolha em nossa vida atual planta sementes para nossas futuras encarnações. Aqueles que aprenderam todas as lições, e a lição suprema na forma de desapego por meio do altruísmo, recebem a dádiva de nunca mais precisar voltar à Terra. Nossos maiores mestres não renasceram neste planeta.

A bondade que demonstramos hoje pode se manifestar como abundância em uma vida futura, mas as ações altruístas em uma vida podem retornar para nós na forma de uma existência superior. Se este planeta não for suficiente para tal experiência, seremos recebidos em outro lugar, no que alguns chamariam de paraíso, mas que é fundamentalmente uma realidade de natureza superior.

As dificuldades que suportamos com graça e resiliência podem ser traduzidas em força e sabedoria em nossa próxima encarnação. Por outro lado, o mal que causamos aos outros ou as oportunidades de crescimento que ignoramos deliberadamente podem criar desafios que teremos de enfrentar em vidas subsequentes. Entretanto, esse sistema de causa e efeito cármico não é punitivo, mas educativo.

O universo não busca nos punir por nossos erros, mas sim nos dar oportunidades de aprender com eles. Cada encarnação é uma nova chance de corrigir os erros do passado, desenvolver novos pontos fortes e nos aproximarmos do nosso potencial espiritual máximo. É a nossa teimosia e a falta de vontade de mudar que causam nosso sofrimento ou, como o Buda resumiu, tanha. Tanha é a obsessão com a ânsia ou o desejo por algo. Ela também se manifesta como ganância ou desejo por coisas e experiências.

Quando adotamos essa perspectiva sobre a reencarnação, começamos a ver nossa vida atual não como uma experiência isolada, mas como parte de um grande continuum de existência. Essa mudança de entendimento pode ter um efeito profundo na maneira como abordamos nossa vida diária. Ela nos incentiva a ver cada interação, cada desafio e cada alegria como uma oportunidade de crescimento e aprendizado. De fato, nada limita mais uma alma do que a identificação com suas raízes físicas, seja a cultura, a nacionalidade ou os elementos que a representam.

Capítulo 11: Dominando o Destino

Devemos aprender a cultivar nossa cultura única, adotando o que é útil e descartando o que é inútil para nosso progresso espiritual. Só então poderemos entender o significado do desapego ao sofrimento, não como algo a ser evitado, mas como algo a ser transcendido. Os problemas que enfrentamos nunca são mais importantes do que o contexto no qual os identificamos e do qual eles surgem.

Essa visão da reencarnação nos convida a cultivar maior compaixão - não apenas pelos outros, mas também por nós mesmos. Você pode precisar de companhia, mas ninguém será um amigo melhor do que você mesmo.

Reconhecer que estamos todos nessa jornada de evolução espiritual, cada um em seu próprio ritmo e enfrentando seus próprios desafios, pode promover um senso de unidade e empatia que transcende as divisões aparentes de nossa existência terrena. Por outro lado, isso também nos ajuda a lidar com sentimentos de perda e inadequação, especialmente quando nos sentimos sozinhos ou temos de nos despedir daqueles que não estão mais alinhados com nosso caminho espiritual.

Quando você entende isso, deixar de lado os amigos que não o apoiam mais e terminar os relacionamentos que não são benéficos para a sua evolução torna-se um ato natural, embora doloroso, que você pode aceitar com menos remorso. À medida que nos aprofundamos nos mistérios da existência, percebemos que as escolhas que fazemos, tanto no reino espiritual quanto em nossa vida física, estão intrinsecamente entrelaçadas no tecido da progressão de nossa alma.

Aqueles que falam que os espíritos escolhem suas reencarnações estão de fato corretos, mas há uma bela complexidade nesse processo que muitas vezes passa despercebida. No mundo espiritual, o conceito de escolha assume uma dimensão diferente. Nesse reino, não escolhemos simplesmente nossa próxima vida com base em capricho ou preferência; em vez disso, somos atraídos para as experiências que melhor servirão ao nosso crescimento espiritual. É um alinhamento harmonioso entre as necessidades de nossa alma e as oportunidades apresentadas pelas diferentes encarnações.

Esse fenômeno reflete o que vivenciamos em nossa vida física. Muitas vezes nos sentimos atraídos por situações, relacionamentos e experiências que ressoam com nosso ser interior. Buscamos o que achamos que nos trará felicidade, mas, na realidade, nos sentimos mais satisfeitos com as experiências que nos desafiam e nos estimulam a crescer. É um mecanismo sutil, mas poderoso, que garante que estejamos em constante evolução, mesmo quando não estamos conscientes disso.

Enquanto isso, devemos reconhecer que, embora alguns possam aprender e crescer por meio da paz e da felicidade, para a grande maioria das almas, as lições são aprendidas somente por meio de um sofrimento profundo e visceral. É por isso que elas parecem buscar exatamente as coisas que parecem querer evitar quando se apegam obstinadamente às suas ilusões.

Considere, por exemplo, o paradoxo dos indivíduos iluminados e seus relacionamentos. Uma pessoa que atingiu um certo nível de consciência espiritual geralmente se sente satisfeita na solidão ou em um pequeno círculo de pessoas que pensam da mesma forma. Ela não sente a necessidade de buscar constantemente validação externa ou companhia. Por outro lado, uma pessoa que ainda não despertou para sua natureza espiritual pode sentir uma sensação persistente de solidão, mesmo quando está cercada por muitos amigos.

Essa disparidade ilustra como nossa evolução espiritual molda nossas experiências e percepções do mundo ao nosso redor, e até mesmo como nos vemos. Para algumas pessoas, assistir ao pôr do sol sozinho pode ser uma experiência muito espiritual, enquanto para outras é um lembrete de sua solidão. De fato, ninguém está mais confuso em relação à sua jornada espiritual do que o artista que consegue viver uma vida dedicada à sua própria arte, mas se sente desapegado e isolado do próprio mundo que despreza. É por isso que tantos artistas ao longo da história lutaram contra a depressão. Ela se origina de um sentimento de desprezo pela natureza das coisas que eles buscam por meio de seu mundo interior, de sua prática de contemplação interior e de sua necessidade mais profunda de compreensão.

A jornada de nossa alma às vezes exige que nasçamos em ambientes que parecem antitéticos ao crescimento espiritual, mas essas circunstâncias desafiadoras servem a um propósito crucial: elas proporcionam o atrito necessário para nosso despertar espiritual. Muitas vezes, é por meio da experiência de rejeição, pobreza e dificuldades, ou de um sentimento de não pertencimento, que somos forçados a olhar para dentro e iniciar nossa busca espiritual.

Quando nada está disponível em nosso ambiente, a resposta está sempre escondida dentro de nós, no âmago de nossa alma. Estou me referindo aqui à necessidade de educação por meio de livros e de aventura por meio da atitude de buscar ambientes novos e alternativos para nosso progresso como almas. E, às vezes, o ambiente certo e a resposta certa para nós podem ser tão inesperados que nem poderíamos imaginar.

Capítulo 12: Recuperação do Poder Pessoal

Olhando para o meu próprio passado, como alguém que cresceu na pobreza, lutou com dificuldades de aprendizagem e enfrentou a perspectiva de nunca se formar no ensino médio, além de ter sido criticado e insultado por muitos grupos religiosos aos quais busquei refúgio para o meu sofrimento e uma resposta para a minha necessidade de pertencer, eu certamente não poderia ter imaginado que um dia estaria trabalhando como professor universitário ou ganhando a vida com meus próprios livros. Certamente não percebi que a resposta para meus problemas estava dentro de mim e que seria encontrada na solidão, embora quanto mais eu lutava com minhas emoções, mais eu parecia precisar desse tempo sozinho comigo mesmo.

A vida tem uma maneira de se desenrolar no momento certo, embora nem sempre pareça assim de nossa perspectiva limitada. Prolongamos o desenvolvimento da verdade persistindo nos mesmos erros. Mas quando começamos nossa jornada espiritual com seriedade, de repente podemos nos ver cercados por espíritos afins e oportunidades de crescimento rápido. Somos acelerados por nosso compromisso com as evidências que temos diante de nós.

Esse compromisso, comumente incorporado e mal interpretado como devoção religiosa, não tem nada a ver com dogma. É uma compreensão pessoal que vem do conhecimento e da experiência direta do mundo e de como ele responde a nós. Essa compreensão surge justamente quando não precisamos mais de validação externa, pois encontramos nossa bússola interior. É uma bela ironia que ressalta a sabedoria inerente ao design do universo.

Essa compreensão deve nos livrar do fardo da autoculpa ou do ressentimento em relação às nossas circunstâncias e àqueles que nos afetaram nesses momentos. Em vez disso, podemos abordar nossas experiências com a compreensão de que escolhemos essas lições, consciente ou inconscientemente, para promover a evolução de nossa alma.

Essa perspectiva se torna especialmente pungente quando consideramos os papéis que desempenhamos em diferentes vidas. Se nos encontrarmos como vítimas em uma encarnação, provavelmente é porque precisamos entender e nos curar da experiência de sermos vítimas, talvez para compensar uma vida anterior em que tenhamos sido agressores. Não se trata da força ou da fraqueza que demonstramos nesses papéis, nem das circunstâncias materiais em que nos encontramos. Em vez disso, a verdadeira medida de nosso crescimento está em nossa capacidade de adquirir sabedoria com essas experiências contrastantes. A sabedoria surge quando transcendemos a dualidade entre vencedor e perdedor, ou sucesso e fracasso. Aqueles que abraçam suas experiências independentemente do resultado são os verdadeiros mestres da jornada de suas almas.

No entanto, a vida nos apresenta inúmeras dualidades - ricos e pobres, fortes e fracos, amados e rejeitados - porque ela busca fortalecer nossa capacidade de ver as coisas de um ponto de vista distanciado, aumentando assim nossa consciência espiritual. A chave para o crescimento espiritual não é evitar um extremo ou se apegar a outro, mas encontrar equilíbrio e compreensão em todas as experiências.

Por exemplo, uma pessoa rica que tira a própria vida e uma pessoa satisfeita que vive na pobreza nos ensinam lições profundas sobre a natureza da felicidade e da realização. Quando conseguimos realmente entender por que uma pessoa rica pode se sentir vazia apesar de sua abundância material, ou por que alguém com poucas posses mundanas pode irradiar alegria, demos um passo significativo em nossa jornada espiritual. Essa compreensão nos liberta das restrições das definições sociais de sucesso ou felicidade. Começamos a ver que nossa verdadeira identidade não é determinada por nossa conta bancária, nosso status social ou os papéis sociais que desempenhamos. Em vez disso, ela é moldada pelas escolhas que fazemos e pelas perspectivas que adotamos para obter uma compreensão mais profunda de nossas necessidades espirituais.

Quando atingimos esse nível de consciência, podemos escolher ser ricos ou pobres, poderosos ou humildes, sabendo que essas são simplesmente experiências com as quais nossa alma pode aprender, e não estados finais de existência. Adquirimos a capacidade de nos tornarmos quem quisermos ser simplesmente recriando nossa existência. De certa forma, seria como dizer que você só entende a riqueza quando não tem mais medo da pobreza, mas, mais importante, quando é capaz de entrar e sair da pobreza à vontade.

Da mesma forma, você só pode entender verdadeiramente o amor quando for capaz de se afastar dele e aceitar a solidão sem julgar a si mesmo com base nesse estado e, mais ainda, quando for capaz de se afastar do amor e aceitá-lo à vontade e não porque é dependente de suas emoções. Você pode dominar seu corpo quando não tiver mais medo da fome, da doença ou do sofrimento físico, mas for capaz de reconstruí-lo por meio de atos de vontade consciente em vez de uma necessidade desesperada de prazer.

Essa sabedoria nos permite abordar a vida com mais compaixão, tanto por nós mesmos quanto pelos outros, pois começamos a ver como todos neste planeta escolhem suas experiências, mesmo aquelas que dizem rejeitar ou que lhes causam sofrimento.

Capítulo 13: A Lente da Terceira Pessoa

Ninguém é mais pobre do que aquele que tem uma atitude miserável em relação aos outros, especialmente àqueles que têm mais conhecimento. Ninguém jamais demonstrou mais desprezo por minha existência e meus valores do que os muito pobres, os muito necessitados e os muito ignorantes.

Isso mostra como as pessoas determinam seu destino pelo que fazem, mais do que pelo ambiente que atraíram ao seu redor, que muitas vezes usamos como forma de racionalizar e justificar seus pensamentos e ações. Pois, embora possamos dizer que alguém é pobre porque não tem dinheiro, também podemos julgar seu estado de espírito pela forma como gasta o dinheiro que tem e trata as pessoas que poderiam ajudá-lo a enriquecer.

Aqueles que desrespeitam um autor não merecem nenhuma sabedoria, e aqueles que desrespeitam um indivíduo rico não merecem nenhuma visão de seu mundo financeiro. Ser uma boa pessoa não é um processo seletivo, como muitos religiosos e racistas pensam, mas um estado de espírito que define nosso caráter e pelo qual somos julgados pelas leis espirituais do planeta.

Quando começamos a ver que todos estão em sua jornada única, enfrentando desafios e experiências adaptados às necessidades de suas almas, adquirimos uma compreensão mais profunda que promove a empatia pelos outros, mesmo diante de conflitos ou discordâncias. Em seguida, adquirimos a capacidade de perdoar por meio de um estado natural de compreensão, em vez de nos apegarmos aos pensamentos de vingança e raiva que a injustiça planta dentro de nós.

Da mesma forma, à medida que progredimos em nosso caminho espiritual, podemos descobrir que nossas prioridades e valores mudam. Coisas que antes pareciam cruciais - sucesso material, aprovação social ou conformidade com as normas da sociedade - podem perder seu apelo. Em vez disso, podemos nos sentir atraídos por experiências que nutrem nossa alma e contribuem para o bem maior.

Isso não significa que tenhamos que renunciar ao mundo ou viver como ascetas; ao contrário, trata-se de encontrar um equilíbrio em que possamos nos envolver com o mundo físico e, ao mesmo tempo, manter nossa consciência espiritual. Trata-se de encontrar orgulho em sermos fiéis ao nosso eu autêntico, em vez de conquistarmos a admiração dos outros.

À medida que nos aprofundamos em nossa natureza espiritual, começamos a sentir a unidade subjacente que une toda a existência, mesmo que ela seja invisível para a maioria das almas. Essa consciência pode ser ao mesmo tempo impressionante e humilde, pois nos desafia a repensar nosso lugar no universo e nossos relacionamentos com os outros, especialmente aqueles que não conseguem entender nossas escolhas.

Essa compreensão da interconexão também lança luz sobre o conceito de carma. Em vez de um sistema simplista de recompensa e punição, o carma pode finalmente ser visto como a consequência natural de nossas escolhas e ações que se desenrolam ao longo de várias vidas, bem como os caminhos que escolhemos compartilhar com outras pessoas em jornadas menos evoluídas. Trata-se de uma complexa tapeçaria de causa e efeito, em que cada escolha que fazemos molda o âmbito de nossas experiências futuras e os tipos de oportunidades que encontramos.

Podemos obter uma compreensão mais profunda dessa dinâmica simplesmente nos perguntando: O que outra pessoa veria nessa interação?

Essa pergunta aparentemente simples abre um mundo de complexidade na interação humana e na autoconsciência que muitos de nós raramente consideramos em nossa vida diária. Começamos a perceber que as mesmas circunstâncias podem ter significados muito diferentes e que esses significados variam de acordo com o nível de consciência e as motivações pessoais de cada indivíduo.

Essa compreensão também nos livra do fardo do conflito e da necessidade de chegar a um consenso por meio de pontos de vista divergentes. Paramos de discutir sobre o óbvio com aqueles que não conseguem ou não querem ver, seja qual for o motivo de sua atitude. Entendemos que essa teimosia é o carma deles e não um ataque direto a nós, pois nós mesmos escolhemos estar no caminho deles.

Quando compartilhamos uma experiência com um amigo, muitas vezes estamos inconscientemente buscando uma compreensão mais profunda da interação a partir de uma terceira perspectiva, mas também queremos sair de nós mesmos e de nossas emoções imediatas para obter uma visão mais objetiva da situação. Entretanto, esse desejo de objetividade pode nos levar a um caminho traiçoeiro se não formos cuidadosos, pois tendemos a negligenciar as limitações dos outros ou a assumi-las como nossas. O problema está em nossa incapacidade de alcançar uma perspectiva de terceiro plano e de nos desapegarmos da nossa própria perspectiva. Quando não conseguimos atingir esse ponto de vista metafísico, caímos na armadilha de simplesmente aceitar as opiniões dos outros como válidas e não meramente pessoais. Confundimos a visão subjetiva deles com a verdade objetiva que estamos buscando, o que pode obscurecer nosso julgamento e compreensão da situação em questão.

Capítulo 14: Superando a Ilusão e a Insensatez

Ninguém está mais desamparado do que aqueles que filtram suas percepções pelas lentes da culpa e da necessidade de validação de outra pessoa. Mas é aqui que as coisas ficam ainda mais complicadas: a maioria das pessoas não consegue desempenhar efetivamente o papel de observador de terceiros porque, para começar, não têm uma perspectiva sólida em primeira pessoa. Elas perderam contato com suas próprias almas e, por meio de um acúmulo de traumas, suprimiram a capacidade de amar a si mesmas. A falta de amor próprio é a base da inconsciência e dos danos autoinfligidos. É assim que uma pessoa cria carma negativo ao aceitar a negatividade que os outros lhe impuseram por meio de alguma forma de abuso.

É uma constatação surpreendente, mas a identidade de muitas pessoas não passa de construções sociais, produtos de suas tentativas desesperadas de se encaixar no mundo ao seu redor, muitas vezes condicionadas por experiências passadas de sofrimento. Elas foram tão moldadas por expectativas sociais, lembranças de desrespeito e ostracismo, normas culturais e os julgamentos que as acompanham, além das opiniões dos outros, muitas vezes expressas de forma violenta, que perderam o contato com seu eu autêntico. No entanto, a pessoa que elas acham que são é exatamente essa pessoa. Elas negam a si mesmas sua verdadeira identidade ao se identificarem com a pessoa que se tornaram.

É por isso que as pessoas não mudam, embora ninguém seja mais resistente à mudança do que a pessoa que não é ela mesma, mas um produto de seus traumas. Quanto mais a pessoa se aprofunda nessa degradação do eu, mais ela se apega à sua falsa persona. Essa, devo dizer, é a verdadeira tragédia da vida humana, o fato de a pessoa presumir que a verdade é a única verdade que conhece, enquanto confunde o desconhecido com uma mentira.

"Não sei mais quem eu sou, o que é verdadeiro ou falso", é uma frase que ouço com frequência de pessoas que se encontraram pela primeira vez e estão tentando desesperadamente voltar à única realidade que aprenderam a aceitar como sua, não importa o quanto seja dolorosa e degradante. A incapacidade de ser feliz vem justamente do medo de que a felicidade, o grande desconhecido, possa trazer mais sofrimento.

Operando com identidades emprestadas e crenças de segunda mão, esses indivíduos normalmente presumem que têm o direito e a capacidade de julgar os outros. A arrogância é, de fato, a tentativa desesperada de ser você mesmo por meio da validação que o julgamento dos outros proporciona a si mesmo. É o oposto do que um artista busca quando se expressa e compartilha seu mundo interior com os outros. A pessoa arrogante de alguma forma busca a autogratificação ao julgar aqueles que veem mais do que ela, ou que são simplesmente diferentes, porque teme a divergência de pontos de vista. O mesmo acontece com o racista que não tem nada além da cor de sua pele para validar sua própria existência.

Aqueles que ainda não se encontraram não passam de peças e peões em um grande quebra-cabeça, programados para pensar e agir de determinadas maneiras pela própria sociedade que eles acreditam estar observando objetivamente. A maioria das pessoas não passa de autômatos que tentam justificar sua existência por meio da validação social e do pertencimento. São como atores em uma peça de teatro, recitando falas que não escreveram e interpretando papéis que não escolheram, ao mesmo tempo em que acreditam ser os diretores de suas próprias vidas.

Para realmente entender quem são essas pessoas, basta observar suas opiniões e analisar as raízes de suas palavras, pois não encontraremos pensamentos originais, mas opiniões regurgitadas e reações instintivas nascidas de sua programação. Suas críticas geralmente revelam mais sobre suas próprias limitações e medos do que sobre a realidade que estão tentando avaliar. Não é de surpreender que eles critiquem mais abertamente as coisas que não conseguem entender ou controlar, muitas vezes rejeitando as lições de que mais precisam e insultando as pessoas que podem salvá-los de sua miséria. Ninguém se sente mais ofendido por mentes medíocres do que os gênios que podem elevá-las. E quando ouvimos falar de um consenso de opinião vindo de personalidades tão desagradáveis, devemos suspeitar delas, pois as mentes medíocres são incapazes de compreender o conhecimento de natureza superior e sempre e invariavelmente o distorcerão e o rebaixarão ao seu nível.

Todas as religiões são perversões da Verdade porque as mentes medíocres são incapazes de compreender a Verdade. O que elas identificam como verdade é uma percepção da realidade em seu próprio nível. Não é de se surpreender que essa interpretação da Verdade esteja repleta de direitos e erros, exigências de obediência e punição e uma completa falta de aplicação prática ou compreensão. De fato, a maioria das pessoas religiosas nem sequer sabe o que seus livros contêm e, quando os leem, não entendem nada, pois têm uma capacidade limitada de compreender as palavras de outras pessoas, especialmente quando foram escritas séculos antes delas. Elas estão tão distantes da verdade quanto estão de saber quem são como pessoas.

Capítulo 15: O Caminho Para a Autodescoberta

Se você pudesse apagar tudo o que seus professores, pais e amigos lhe disseram sobre o mundo e as crenças herdadas de outras pessoas, o que restaria para chamar de seu? E como você explicaria seus pontos de vista como válidos para qualquer outra pessoa? Seus pontos de vista pessoais sobre a vida podem ser compartilhados ou o que você tem é apenas uma opinião pessoal?

Para muitos, as respostas os forçam a confrontar a verdade inconveniente de que não são nada mais do que papel ao vento, fluindo com qualquer tendência social e narrativa que valide sua existência. Para a grande maioria, o simples ato de rebeldia de questionar suas crenças os colocaria em desacordo com todos que conhecem e possivelmente os levaria à perda do emprego. Eles aprenderam desde a infância a suprimir seus medos de inadequação ao se conformarem com qualquer visão de mundo e, ainda assim, não sabem nada sobre si mesmos, exceto o que lhes foi dito para acreditar. Quando lhes perguntam quem são, respondem com seu cargo, seu nome e sua nacionalidade. Essa é a mesma maneira pela qual esperam determinar o valor dos outros. Eles são tão cegos para si mesmos quanto para os outros, por isso continuam a fazer as perguntas erradas, recebem respostas inúteis e presumem que não há verdade na vida e que tudo não tem sentido, exceto por alguma forma de racionalização que se encaixe na estrutura do que os outros consideram válido e relevante. Quando alguém lhes apresenta uma alternativa que não se encaixa nessa noção preconcebida da realidade, eles resistem violentamente ou, na melhor das hipóteses, a ridicularizam.

Portanto, presumir que a maioria tem uma opinião válida porque concorda entre si é realmente insensato, porque essa maioria é exatamente o que o sistema precisa para se perpetuar e nunca se desviará do que o sistema os programou para acreditar. Elas são o próprio sistema e dependem dele para sobreviver. Portanto, o que essas massas consideram importante só é importante em relação ao próprio sistema. E o que elas afirmam ser importante só é importante dentro do sistema com o qual se identificam. Se você não faz parte desse mecanismo, é naturalmente rejeitado porque sua existência deixa os outros desconfortáveis.

Nenhuma outra experiência me mostrou isso de forma tão vívida quanto os vários grupos religiosos que encontrei. Embora afirmassem estar em busca da verdade e do divino, minha presença entre eles os deixava terrivelmente desconfortáveis, e eles me evitavam porque o fato de eu saber mais do que eles os irritava. Em vez de buscarem se elevar, eles me viam como um elemento perturbador e indigno de seu grupo, como se a verdade tivesse de ser buscada somente por meio deles.

É um aspecto que se sobrepõe ao encontrado em todas as religiões: os membros mais dedicados confundem sua própria arrogância com a verdade e, em vez disso, buscam um Deus que adora suas opiniões e, na melhor das hipóteses, um profeta que é válido apenas na medida em que valida suas próprias opiniões.

Pelo mesmo motivo, acho divertido quando os leitores afirmam que estou certo porque valido seus pensamentos, como se meu objetivo como escritor fosse glorificar as opiniões de meus leitores. Eu realmente desprezo os muitos escritores que buscam relevância fazendo exatamente isso. Não há verdade naqueles que precisam ser aceitos pelos outros. Ser grande é aceitar ser desprezado por saber mais.

Isso pode parecer duro, mas é uma percepção crucial no caminho do verdadeiro autoconhecimento e da compreensão de que a maioria das pessoas existe em um estado entre a estupidez e a ilusão, quando ambos os elementos precisam compensar um ao outro para apresentar alguma forma de relevância e conforto. Quanto mais uma pessoa se apega às suas ilusões, mais ela revela sua absoluta ignorância e incapacidade de aprender e mudar.

Por outro lado, é a consciência de nossa estupidez, erros, falsidades e limitações que destrói a crença em nossas ilusões. Em tal estado de confronto direto, podemos sentir que estamos enlouquecendo, exceto pelo fato de estarmos amparados por verdades mais elevadas, aquelas que podem nos levar a experiências melhores. É por isso que é tolice substituir uma religião por outra, a menos que leiamos livros melhores em ambos os casos.

Assim como não podemos impedir um sonho enquanto estamos dormindo, nossas ilusões só podem ser superadas por experiências mais elevadas e diferentes, e é por isso que sempre recomendo àqueles que me seguem que visitem países diferentes. O objetivo de viajar é ver a vida através de outras lentes culturais e aprender a questionar a sua própria. O mesmo vale para a curiosidade sobre pessoas de diferentes origens, aparências e crenças. Não é possível aprender sobre o universo olhando para o planeta Terra, e não é possível aprender sobre si mesmo tentando se validar. Opiniões e personalidades não têm valor no reino finito da experiência humana. A única coisa que realmente importa é nossa jornada imortal como alma e as influências que deixamos para trás. É melhor ter sido magoado por uma verdade do que ter amado uma mentira.

Capítulo 16: Fertilizando a Evolução Pessoal

Quando as massas rotulam de insanos aqueles que vislumbraram a verdade, estão inconscientemente admitindo sua própria armadilha na ilusão. É um mecanismo de defesa, uma forma de proteger sua frágil visão de mundo de ideias que ameaçam abalá-la. Mas, ao rejeitar os que buscam a verdade como loucos, eles também reforçam suas próprias correntes, apertando os laços da ilusão que os mantêm confortavelmente entorpecidos.

A chave para transcender o cenário de loucura e ilusão é cultivar a verdadeira autoconsciência e o pensamento crítico. Precisamos aprender a questionar tudo, inclusive nossos próprios pensamentos e crenças. Isso não significa rejeitar todas as opiniões dos outros ou viver em um estado de dúvida perpétua, mas sim desenvolver a capacidade de avaliar criticamente as informações e tirar nossas próprias conclusões com base em fatos e observações.

Uma abordagem eficaz é praticar a atenção plena e a autorreflexão regularmente. Reserve um tempo todos os dias para sentar-se em silêncio e observar seus pensamentos sem julgamentos. Observe os padrões de seu pensamento, as suposições que faz e as crenças que lhe são caras. Pergunte a si mesmo de onde vieram essas ideias e se elas realmente servem a você.

Outra etapa importante é expor-se a diferentes perspectivas e ideias, mesmo aquelas que o deixam desconfortável ou desafiam sua visão de mundo. Leia bastante e esteja sempre aberto à possibilidade de estar errado. Essa humildade intelectual não é uma fraqueza, mas uma força que permite o crescimento e o aprendizado contínuos.

Também é importante desenvolver sua própria bússola moral e estrutura ética. Em vez de aderir cegamente às normas da sociedade ou aos valores herdados, reserve um tempo para considerar o que é realmente importante para você e por quê. Essa filosofia pessoal servirá como uma âncora nos mares tempestuosos de informações e opiniões conflitantes que navegamos diariamente.

Lembre-se de que o objetivo não é atingir um estado perfeito de iluminação ou escapar completamente das ilusões que nos cercam. Esse tipo de esforço seria impossível e potencialmente prejudicial. Em vez disso, o objetivo é tornar-se mais consciente das forças que moldam nossas percepções e crenças e cultivar a capacidade de pensar e agir com mais autonomia, discernimento e autenticidade.

Esse caminho exige coragem, persistência e disposição para enfrentar verdades incômodas sobre nós mesmos e o mundo ao nosso redor. Às vezes, você pode se sentir isolado ao começar a enxergar através das ilusões às quais os outros ainda se apegam desesperadamente. Mas esse desconforto é um sinal de crescimento, uma indicação de que você está se aproximando de uma compreensão mais genuína da realidade.

À primeira vista, você pode se sentir tentado a descartar a crítica como um esforço fútil, semelhante a tentar construir esculturas com esterco de cavalo, mas, após uma inspeção mais minuciosa, descobrimos que mesmo os elementos aparentemente mais inúteis podem servir a um propósito maior. Assim como o esterco de cavalo fertiliza os vegetais que comemos, a crítica, quando abordada com a atitude correta, pode nutrir nosso crescimento e desenvolvimento.

O verdadeiro valor da crítica não está em seu efeito imediato, mas em seu potencial para catalisar mudanças e promover melhorias. Muitas vezes inconsciente de seu próprio propósito nobre, a crítica serve como um espelho, refletindo os aspectos de nós mesmos e de nossa sociedade que precisam de atenção e refinamento. Ao abraçar a crítica com uma mente aberta e disposição para aprender, podemos transformar o que inicialmente parece ser uma força destrutiva em uma ferramenta poderosa para a evolução pessoal e coletiva.

Essa transformação, no entanto, exige uma mudança de perspectiva - uma disposição para olhar além de nossas reações ou necessidades emocionais imediatas e considerar as implicações mais amplas do feedback que recebemos. É por meio desse processo de introspecção e autorreflexão que podemos realmente aproveitar o poder fertilizante da crítica, permitindo que ela nutra nosso crescimento e cultive uma versão mais esclarecida de nós mesmos.

A maioria de nossas dificuldades em aceitar pontos de vista diferentes decorre de uma falta de familiaridade com as coisas em que acreditamos. Portanto, nossa capacidade de processar informações está intrinsecamente ligada à nossa capacidade de empatia e imaginação.

É por isso que, quando somos apresentados a uma história ou cenário, instintivamente nos colocamos nele, assumindo o papel de um dos personagens ou tomando partido com base em nossos preconceitos e conexões emocionais preexistentes. Essa tendência de nos projetarmos nas narrativas tem profundas implicações para nossa compreensão da justiça e da moralidade.

Por exemplo, não é incomum que as pessoas tenham empatia por criminosos ou agressores, não por uma crença genuína em sua inocência, mas porque inconscientemente se identificam com o perpetrador e temem as consequências de seus próprios possíveis delitos. Esse mecanismo psicológico geralmente leva a uma visão distorcida da justiça, na qual o desejo de impunidade pessoal ofusca a necessidade de ordem social e responsabilidade.

Capítulo 17: Culpa e Responsabilidade

As mesmas pessoas que defendem os malfeitores ou procuram atenuar sua punição são, muitas vezes, as que se sentem mais ameaçadas por verdades que revelam suas próprias deficiências morais. Sob essa ótica, a crítica pode ser vista como um reflexo de uma realidade dolorosa - um espelho que nos força a confrontar os aspectos de nós mesmos que preferiríamos manter ocultos. É esse desconforto que torna a crítica um catalisador tão poderoso para o crescimento e o autoaperfeiçoamento.

Ao nos aprofundarmos na psique humana, encontramos os conceitos entrelaçados de culpa e responsabilidade. Esses dois elementos são frequentemente mal compreendidos e mal aplicados, levando a um ciclo de comportamento autodestrutivo e crescimento pessoal atrofiado. A falta de culpa e a falta de responsabilidade são parceiras nos mesmos atos tolos contra si mesmo que perpetuam um ciclo de danos e ignorância.

A verdadeira responsabilidade vem da capacidade de reconhecer e ter empatia com a dor que causamos aos outros por meio de nossas palavras e ações. É um estado de consciência elevada que nos permite ver além de nossos desejos imediatos e considerar as consequências mais amplas de nossas escolhas.

Em contrapartida, muitas pessoas, especialmente aquelas que se dizem espiritualmente iluminadas, costumam usar a culpa como substituto da verdadeira responsabilidade. Esse fenômeno é particularmente evidente em certos círculos religiosos, onde a culpa é usada como um meio de evitar a responsabilidade pelas próprias ações.

Esses indivíduos podem parecer piedosos na superfície, mas seu desenvolvimento espiritual é tão atrofiado quanto o daqueles que estão atrás das grades da prisão. Sua tendência a cometer os piores crimes - rejeição e desrespeito por aqueles que não pertencem ao seu grupo e a justificativa de atos malignos por meio da segregação social - revela uma profunda desconexão com os verdadeiros ensinamentos de sua fé.

Esses indivíduos que se autoproclamam espirituais estão tão distantes de Deus quanto qualquer outro ser humano, incapazes de corrigir seu comportamento. Apesar de se esconderem atrás de textos e rituais religiosos, eles não conseguem compreender a essência da sabedoria divina ou seu propósito na existência humana. Suas ações revelam um mal-entendido fundamental sobre a compaixão e a inclusão que estão no cerne da verdadeira espiritualidade.

A compaixão vem da compreensão que surge quando podemos realmente sentir o impacto de nossas ações sobre os outros. O caminho para a iluminação não é pavimentado com a adesão cega a dogmas ou a realização de rituais, mas com um compromisso genuíno de compreender a nós mesmos e nosso lugar no mundo. Essa jornada exige que confrontemos nossas próprias deficiências, vieses e preconceitos com honestidade e coragem.

Para compreender verdadeiramente a vida, devemos voltar nosso olhar para dentro. Nossos corpos físicos servem a um propósito específico, atuando como recipientes para nosso crescimento espiritual dentro do denso reino da existência física, mas essa perspectiva nos incentiva a ver nossa forma física não como uma limitação, mas como uma ferramenta para aprender e evoluir.

É importante observar, entretanto, que o verdadeiro crescimento espiritual não pode ser alcançado por meio do isolamento. Devemos nos proteger contra o conceito errôneo de que se afastar do mundo, como se isolar nas montanhas, pode levar à iluminação. Embora essas escolhas possam proporcionar um descanso temporário ou reflexão, elas acabam não cumprindo nosso propósito espiritual. Essa percepção desafia a noção romantizada do sábio eremita e, em vez disso, defende o envolvimento com o mundo como meio de desenvolvimento espiritual.

O caminho para a iluminação em nossa densidade física é apresentado como um processo de três etapas:

1- Compreender o propósito do ser: Esse primeiro passo envolve profunda autorreflexão e introspecção. Devemos abordar a questão fundamental de quem pensamos que somos, explorando nossas crenças, valores e a essência central de nossa identidade.

2- Ser quem pensamos que somos: Uma vez que tenhamos adquirido uma percepção de nossa verdadeira natureza, a próxima etapa é incorporar esse entendimento. Isso envolve alinhar nossas ações, pensamentos e comportamentos com nosso eu autêntico e viver em congruência com nossas crenças e valores mais profundos.

3- Criar significado na vida por meio do nosso ser: A etapa final envolve usar nosso eu autêntico como base para criar significado e propósito em nossa vida. Esse processo de criação de significado é profundamente pessoal e resulta de uma vida alinhada com nossa verdadeira natureza.

Podemos encontrar o oposto desse processo quando reconhecemos que o caminho para o sofrimento segue essas etapas em ordem inversa:

1- Perda de significado na vida: Isso geralmente ocorre como resultado de pressões externas, como expectativas da sociedade, sistemas educacionais ou influências dos pais que impõem ideais que podem não estar alinhados com nosso eu autêntico.

2- Não ser: Essa perda de identidade é especialmente predominante durante estágios cruciais de desenvolvimento, como a adolescência, quando deveríamos estar descobrindo e afirmando nosso verdadeiro eu.

3- Não saber o propósito de ser: Esse estágio final de sofrimento geralmente se manifesta mais tarde na vida, normalmente entre os 30 e 40 anos, quando as pessoas se veem presas em carreiras ou situações da vida que parecem sem sentido.

Capítulo 18: Demônios Internos

As pessoas que mais sofrem geralmente são aquelas que perderam o contato com seu eu autêntico e não conseguem responder às perguntas fundamentais sobre quem são e por que existem. A tragédia é que esses indivíduos podem buscar sentido na vida sem antes se reconectar com sua verdadeira identidade, criando um ciclo de confusão, medo e desespero.

A grande maioria das pessoas vive em um estado de ilusão ou sono espiritual. Muitas sofrem lavagem cerebral por um sistema de mentiras, enquanto outras são possuídas ou enganadas pelos reinos espirituais mais baixos. E, embora essas afirmações possam parecer extremas, elas nos convidam a considerar a possibilidade de que muito do que aceitamos como realidade pode ser uma construção criada para nos impedir de perceber nossa verdadeira natureza espiritual.

Essa perspectiva também reformula nossa compreensão da compaixão. Em vez de simplesmente sentir compaixão pelo sofrimento dos outros, somos chamados a reconhecer o sono espiritual mais profundo que aflige tantas pessoas. Essa consciência pode transformar nossos relacionamentos, permitindo-nos ver além dos comportamentos superficiais e nos conectar com a essência espiritual adormecida dentro de cada pessoa.

Isso nos leva a ver que as pessoas não são más porque as pessoas más não são mais humanas. Essa ideia provocativa desafia nossas noções convencionais de moralidade e natureza humana. Ela sugere que o verdadeiro mal representa uma separação fundamental de nossa natureza humana, o que implica que aqueles que cometem atos verdadeiramente hediondos perderam o contato com sua humanidade inerente.

Ao refletirmos sobre essas ideias, somos convidados a questionar nossas crenças mais profundas e a confrontar a possibilidade de que muito do que aceitamos como verdade pode ser uma ilusão. Esta atitude nos desafia a despertar de nosso próprio sono espiritual, a nos reconectar com nosso eu autêntico e a criar um significado em nossas vidas que se alinhe com nossa verdadeira natureza. É uma reinterpretação radical da existência humana, desafiando-nos a olhar além das distrações superficiais da vida cotidiana e a confrontar as questões mais profundas do nosso ser. Ela sugere que a verdadeira iluminação não vem do afastamento do mundo, mas do envolvimento total com ele, mantendo uma conexão com nosso eu autêntico.

Quando adotamos essa perspectiva, nos abrimos para uma profunda transformação. Somos chamados a ser faróis do despertar, não por meio de pregação ou proselitismo, mas vivendo autenticamente e criando um significado que ressoe com nossa verdadeira natureza. Ao fazer isso, não apenas transformamos nossa própria vida, mas também contribuímos para o despertar da consciência no mundo ao nosso redor.

Muitas de nossas emoções superficiais são apenas a ponta de um iceberg muito mais profundo - um processo que passei a entender como desencarnação. Longe de ser uma simples expressão de negatividade, esse fenômeno é, na verdade, um mecanismo complexo que prepara o caminho para a transformação, embora de maneiras que inicialmente possam parecer destrutivas. Imagine, se quiser, um cadáver quente - um recipiente que já teve vida, mas agora está vazio. Essa metáfora serve como uma representação poderosa da psique humana quando ela passa pelo processo de desencarnação.

As críticas e o ódio que sofremos não são fins em si mesmos, mas sim os meios pelos quais nosso estado atual de ser é desmantelado, abrindo espaço para que uma nova forma de vida crie raízes. É importante perceber que esse processo não é aleatório ou sem sentido. Na verdade, ele está sendo deliberadamente promovido e perpetuado por meio de vários canais de mídia. A constante enxurrada de negatividade que encontramos em noticiários, feeds de mídia social e até mesmo em conversas casuais não é por acaso. É um esforço calculado para nos manter em um estado de turbulência emocional, tornando-nos mais suscetíveis a esse processo de desencarnação. Mas por que alguém iria querer incentivar esse ciclo aparentemente destrutivo?

A resposta está na compreensão da natureza da possessão - não no sentido hollywoodiano de entidades demoníacas, mas na forma mais sutil com que ideias e emoções podem tomar conta de nossa consciência. Aqueles que já estão "possuídos" por determinadas ideologias ou estados emocionais geralmente procuram provocar reações semelhantes em outras pessoas. É uma forma de miséria que busca companhia, mas em uma escala grandiosa e, muitas vezes, inconsciente.

Isso nos leva a uma verdade paradoxal: aqueles que não têm inimigos não devem necessariamente se alegrar com esse fato. À primeira vista, não ter inimigos pode parecer um estado de coisas desejável. Um olhar mais atento, entretanto, revela uma implicação preocupante: uma pessoa que não tem inimigos externos provavelmente abriga um inimigo interno. Esse conflito interno, não resolvido e não reconhecido, pode ser muito mais destrutivo do que qualquer adversário externo.

Capítulo 19: Liderando Pelo Exemplo

Em vez de ver as críticas e o ódio como ataques pessoais, podemos vê-los como sintomas de um processo maior. Essa percepção nos permite ir além das reações instintivas de raiva e frustração e abre a porta para uma abordagem mais esclarecida, baseada na compreensão e no respeito mútuos.

Na prática, essa mudança se manifesta como uma mudança em nosso papel de vítima para o de guia ou professor. Quando confrontados com a negatividade ou a hostilidade, temos a oportunidade de liderar pelo exemplo e demonstrar uma maneira mais construtiva de nos envolvermos com o mundo. Essa abordagem não se limita às interações com nossos colegas; ela também se estende aos nossos relacionamentos com as gerações mais velhas.

Por exemplo, considere como podemos reagir a uma pessoa mais velha que expressa pontos de vista desatualizados ou prejudiciais. Em vez de reagir com frustração ou desprezo, podemos aproveitar a oportunidade para orientá-los gentilmente em direção a uma compreensão mais matizada da realidade. Isso não significa dar sermões ou ser condescendente, mas sim iniciar um diálogo que respeite sua experiência de vida e, ao mesmo tempo, introduza novas perspectivas.

Deixe-me ilustrar isso com um exemplo concreto. Imagine que alguém se aproxime de você e diga: "Você parece ter um relacionamento muito ruim". No passado, essa afirmação poderia ter provocado uma atitude defensiva ou raiva. Mas, munidos de nosso novo entendimento, podemos reagir de forma diferente: "Os relacionamentos são uma experiência de vida, e estamos sempre aprendendo."

Essa resposta faz várias coisas ao mesmo tempo. Primeiro, ela reconhece a complexidade dos relacionamentos sem aceitar o julgamento negativo. Em segundo lugar, coloca tanto o interlocutor quanto nós mesmos em pé de igualdade como aprendizes na jornada da vida. Por fim, desafia sutilmente a suposição de que um relacionamento pode ser rotulado de forma simplista como "bom" ou "ruim".

Ao enquadrar nossa resposta dessa forma, forçamos efetivamente a outra pessoa a se envolver conosco em um nível mais respeitoso. Ela é forçada a aceitar uma premissa comum - a de que os relacionamentos são experiências de aprendizado - o que muda a conversa do julgamento para o entendimento compartilhado.

É claro que nem todos serão receptivos a essa abordagem. Pode haver casos em que um indivíduo se recuse firmemente a se envolver em um diálogo construtivo. Nesses casos, é importante reconhecer que podemos estar lidando com o que eu chamo metaforicamente de "demônio" - um padrão de pensamento ou emoção profundamente arraigado que resiste à mudança. Esses "demônios" não são democráticos; eles não seguem as regras do discurso racional ou do respeito mútuo.

Mas mesmo nessas situações difíceis, não precisamos perder a esperança. Às vezes, uma abordagem diferente pode produzir resultados surpreendentes. Vamos considerar outro exemplo: Alguém diz a você: "Eu me odeio e odeio minha vida". Essa expressão de aversão a si mesmo pode parecer impenetrável, mas ainda assim podemos tentar conduzir a conversa em uma direção mais positiva.

Uma possível resposta pode ser: "A vida é um caminho de aprendizado e, se você conseguir entender como fazer algumas coisas bem, então poderá entender como fazer outras coisas bem." Essa declaração reconhece os sentimentos da pessoa sem reforçá-los. Em vez disso, ela reformula a experiência como parte de um processo de aprendizado e sugere sutilmente que ela já tem habilidades e pontos fortes que podem estar sendo ignorados.

Se essa abordagem não funcionar, podemos tentar uma tática mais concreta: "Veja! Você sabe como se vestir e sabe cozinhar. Mas poucas pessoas sabem disso". Aqui estamos apontando habilidades específicas e tangíveis que a pessoa possui. Ao destacar essas habilidades, estamos desafiando a declaração geral de ódio a si mesma e incentivando-a a reconhecer seu próprio valor.

É importante observar que mesmo essas respostas cuidadosamente elaboradas podem, às vezes, cair em ouvidos surdos. Nesses casos, devemos considerar a possibilidade de estarmos nos deparando com um "demônio" metafórico - uma crença negativa ou um estado emocional profundamente arraigado que bloqueia a capacidade do indivíduo de perceber ou aceitar informações positivas. Quando se depara com esse nível de resistência, compreender até mesmo as verdades mais óbvias torna-se quase impossível.

Esse conceito de "demônios" bloqueando a consciência não deve ser tomado literalmente, é claro. Em vez disso, é uma maneira de entender o poder que os padrões de pensamento e as emoções negativas podem exercer sobre a psique de um indivíduo. Esses obstáculos internos podem ser tão formidáveis que impedem que uma pessoa se envolva com a realidade de forma saudável e construtiva.

Reconhecer a existência desses demônios metafóricos pode ser libertador. Isso nos ajuda a entender que, às vezes, nossa incapacidade de alcançar alguém ou efetuar mudanças não é um reflexo de nossa própria inadequação, mas sim um testemunho da força das barreiras internas que enfrentamos. Essa compreensão pode evitar que fiquemos desanimados ou esgotados em nossos esforços para ajudar os outros.

Capítulo 20: Expandindo a Consciência

Assim como encontramos a presença de forças negativas nos outros, também devemos estar cientes da presença delas em nós mesmos. Há áreas de nossa vida em que resistimos consistentemente a mudanças positivas ou nos recusamos a reconhecer verdades óbvias? Esses podem ser sinais de nossos próprios "demônios" internos em ação.

O processo de identificação e enfrentamento de obstáculos internos não é fácil. Exige um nível de autoconsciência e honestidade que pode ser desconfortável e até doloroso. Entretanto, é por meio desse processo de autoexame e crescimento que podemos realmente incorporar os princípios que buscamos compartilhar com os outros.

Ao navegarmos nesse complexo cenário de interação humana e desenvolvimento pessoal, é fundamental manter um equilíbrio entre compaixão e limites. Ao nos esforçarmos para orientar e apoiar os outros, também precisamos reconhecer nossas próprias limitações. Nem toda batalha é nossa e nem toda pessoa está pronta ou disposta a ser guiada. Ao reformular nossas experiências negativas como opções, passamos de uma postura reativa para uma proativa, de vítimas das circunstâncias para agentes de mudanças positivas.

Essa mudança de perspectiva não garante um caminho fácil. Ainda encontraremos resistência, tanto de outras pessoas quanto de nós mesmos. Mas, munidos de compreensão e compaixão, estamos mais bem equipados para enfrentar esses desafios. Podemos abordar cada interação como uma oportunidade de crescimento e aprendizado mútuos, sempre nos esforçando para elevar a conversa e trazer à tona o melhor de nós mesmos e dos outros. É por meio desse processo contínuo de aprendizado, liderança e crescimento que podemos esperar transcender o ciclo de críticas e ódio.

O mundo que percebemos não é uma realidade objetiva, mas sim um reflexo de nossos paradigmas internos e níveis de consciência. Como seres conscientes, não somos simplesmente observadores passivos de um mundo material, mas participantes ativos de uma realidade dinâmica que é moldada por nossos pensamentos, emoções e crenças. Nossa percepção da realidade está intimamente ligada às nossas representações e paradigmas internos. Essas construções mentais atuam como filtros por meio dos quais interpretamos e interagimos com o mundo ao nosso redor. Como resultado, tendemos a manifestar experiências que se alinham com nossas crenças e expectativas internas, muitas vezes ignorando ou deixando de reconhecer aspectos da realidade que estão fora do nosso paradigma atual.

Essa percepção seletiva não apenas limita nossa compreensão do mundo, mas também influencia nossas ações e interações dentro dele. A jornada para uma compreensão mais completa da realidade começa dentro de nós mesmos. É por meio da introspecção e da autoconsciência que podemos começar a reconhecer as limitações de nossos paradigmas atuais e expandir nossa consciência para incluir uma perspectiva mais ampla.

Esse processo de crescimento e transformação interior não é apenas um exercício intelectual, mas um esforço profundamente emocional e espiritual. A ordem, tanto em nosso mundo interno quanto externo, emana do coração - a sede de nossa inteligência emocional e sabedoria intuitiva. É por meio de nossas conexões e experiências emocionais que começamos a formar uma compreensão mais profunda de nós mesmos e do mundo ao nosso redor. Essa base emocional serve como alicerce sobre o qual podemos construir uma compreensão mais racional e dedutiva da realidade.

Ao embarcarmos nesse caminho de autodescoberta e consciência ampliada, torna-se evidente que as práticas religiosas e espirituais tradicionais, embora potencialmente benéficas, não podem substituir a experiência pessoal direta e a transformação interior. Esses sistemas externos de crenças e rituais podem fornecer orientação e apoio, mas não podem substituir a verdade fundamental de nossa existência como seres conscientes envolvidos em um processo de autorrealização por meio de nossas interações com o mundo material.

Capítulo 21: Níveis de Consciência

A realidade que vivenciamos é multifacetada e pode ser compreendida por meio de diferentes níveis de consciência, geralmente associados ao conceito de chakras nas tradições espirituais orientais. Esses níveis de consciência correspondem a diferentes aspectos do nosso ser e aos desafios que enfrentamos em nossas vidas:

Consciência física: No nível mais básico, aqueles que lutam contra doenças e desconfortos físicos geralmente estão lutando contra a manifestação de desequilíbrios emocionais em suas vidas. O corpo, como um reflexo de nosso estado interior, expressa a discórdia que carregamos dentro de nós. Ao lidar com esses desequilíbrios emocionais, podemos começar a curar não apenas nossos corpos físicos, mas também nosso bem-estar geral.

Consciência material: As pessoas que lutam constantemente com preocupações materiais - instabilidade financeira, desafios na carreira ou uma sensação de carência - muitas vezes estão lidando com um desequilíbrio espiritual mais profundo. Esse nível de consciência nos convida a examinar nosso relacionamento com o mundo material e a buscar uma integração mais harmoniosa de nossa existência espiritual e física.

Consciência interpessoal: Os conflitos e desafios em nossos relacionamentos com os outros geralmente resultam de desequilíbrios em nossa própria personalidade. Esse nível de conscientização nos desafia a olhar para dentro e examinar nossos próprios comportamentos, crenças e padrões de interação. Ao cultivar a autoconsciência e a inteligência emocional, podemos transformar nossos relacionamentos e criar conexões mais significativas com as pessoas ao nosso redor.

Consciência espiritual: As pessoas que entram em conflito com conceitos espirituais ou que lutam para encontrar um sentido na vida geralmente estão lidando com uma mente desequilibrada. Esse nível de conscientização nos convida a examinar nossas crenças, questionar nossas suposições e nos abrir para novas perspectivas. É por meio desse processo de investigação intelectual e espiritual que podemos começar a encontrar maior clareza e propósito em nossas vidas.

Consciência mental: A luta pelo controle de nossa própria mente - nossos pensamentos, emoções e impulsos - geralmente está enraizada em hábitos e padrões de comportamento desequilibrados. Esse nível de conscientização nos desafia a examinar nossas rotinas diárias, padrões de pensamento e respostas emocionais. Ao cultivar a atenção plena e desenvolver hábitos mais saudáveis, podemos obter maior domínio sobre nossa paisagem mental e, por sua vez, sobre nossa experiência da realidade.

Autoexpressão e propósito de vida: nesse estágio, começamos a aceitar a realidade como ela é e a ir além das lutas dos níveis inferiores. Reconhecemos nossos dons e talentos exclusivos e nos sentimos compelidos a expressá-los a serviço de um propósito maior. Essa consciência do propósito de nossa vida traz uma sensação de realização e alinhamento com nosso verdadeiro eu.

Criação consciente: Com base em nossa aceitação da realidade, começamos a agir para moldar o mundo material de acordo com nossas crenças e valores. Esse estágio representa uma mudança da aceitação passiva para a participação ativa na cocriação de nossa realidade.

Integração espiritual: Nesse nível, começamos a integrar nossa consciência espiritual em todos os aspectos de nossa vida, influenciando a forma como interagimos com o mundo material por meio de todos os níveis anteriores de consciência. Essa abordagem holística da vida nos permite enfrentar os desafios da vida com mais sabedoria, compaixão e propósito.

Paz interior: O nível mais elevado de consciência é caracterizado por um profundo senso de paz e harmonia interior. Nesse nível, transcendemos as lutas e os conflitos dos níveis inferiores e encontramos um estado de equilíbrio e unidade com toda a existência.

Ao contemplarmos esses níveis de consciência e crescimento espiritual, fica claro que nossa jornada pela vida não é uma progressão linear, mas um processo complexo e multifacetado de autodescoberta e transformação. Cada nível de consciência apresenta seus próprios desafios e oportunidades de crescimento, convidando-nos a nos aprofundar em nossa própria natureza e em nosso relacionamento com o mundo ao nosso redor.

O caminho para níveis mais elevados de consciência não se trata de escapar ou negar o mundo material, mas sim de integrar nossa percepção espiritual com nossa existência terrena. É por meio dessa integração que podemos começar a manifestar uma realidade que reflita nossas aspirações mais elevadas e verdades mais profundas.

Como seres conscientes envolvidos neste grande experimento da vida, temos a oportunidade de expandir continuamente nossa percepção e aprofundar nossa compreensão de nós mesmos e do universo. Ao reconhecermos a interconexão de todos os níveis de existência - do físico ao espiritual - podemos começar a navegar em nossas vidas com mais sabedoria, compaixão e propósito.

Glossário

Atenção Plena: A prática de estar totalmente presente e engajado no momento presente sem julgamento.

Autoconsciência: A capacidade de entender e reconhecer os próprios pensamentos, sentimentos e comportamentos.

Autoexpressão: O ato de expressar os dons, talentos e perspectivas exclusivos de uma pessoa de forma consistente com seu verdadeiro eu.

Carma: As consequências naturais das ações e escolhas de uma pessoa, muitas vezes vistas como um sistema de causa e efeito que se desenrola ao longo de muitas vidas.

Chakras: Centros de energia no corpo que, de acordo com as tradições espirituais orientais, correspondem a diferentes níveis de consciência e aspectos do ser.

Compaixão: A capacidade de compreender e ter empatia com a dor e o sofrimento dos outros, levando ao desejo de aliviar esse sofrimento.

Compreensão: A capacidade de compreender e dar sentido a conceitos, experiências e relacionamentos complexos.

Consciência espiritual: Compreensão de sua natureza espiritual e do significado e propósito mais profundos da vida.

Consciência física: Compreender o corpo físico e sua conexão com o bem-estar emocional e espiritual.

Consciência material: A compreensão do relacionamento de uma pessoa com o mundo físico e as posses materiais.

Consciência Mental: A capacidade de controlar e compreender os próprios pensamentos, emoções e impulsos.

Consciência: O estado de estar ciente de seus pensamentos, sentimentos e ambiente. Engloba os aspectos físicos e mentais da existência.

Crítica: A expressão de desaprovação ou julgamento que pode ser construtiva ou destrutiva, dependendo da intenção e do contexto.

Culpa: Um sentimento de responsabilidade ou remorso por um ato errado, geralmente usado como substituto da verdadeira responsabilidade.

Desapego: A capacidade de observar e experimentar a vida sem ser indevidamente influenciado por emoções ou circunstâncias externas.

Dualidade: O conceito de opostos, como o bem e o mal, o sucesso e o fracasso, como entidades separadas e distintas.

Empatia: a capacidade de entender e compartilhar os sentimentos de outra pessoa.

Eu verdadeiro: a natureza autêntica e essencial de um indivíduo, livre de influências externas e expectativas sociais.

Evolução espiritual: O processo de crescimento e desenvolvimento da alma por meio de várias experiências e vidas.

Iluminação: Um estado de despertar e compreensão espiritual caracterizado por sabedoria, compaixão e paz interior.

Ilusão: Uma falsa percepção ou crença que distorce a realidade e impede a verdadeira compreensão.

Integração espiritual: O ato de incorporar a consciência espiritual em todos os aspectos da vida, influenciando a forma como a pessoa interage com o mundo material.

Jornada espiritual: O processo contínuo de autodescoberta, crescimento e transformação que leva a uma compreensão mais profunda de sua verdadeira natureza e propósito.

Paz interior: Um estado de calma e harmonia dentro de si mesmo, alcançado por meio do crescimento espiritual e do autoconhecimento.

Reencarnação: A crença de que a alma renasce em diferentes corpos físicos ao longo de várias vidas.

Responsabilidade: A capacidade de reconhecer e ter empatia com o impacto de suas ações sobre os outros, levando a um senso de responsabilidade e ao desejo de fazer reparações.

Sabedoria: O acúmulo de conhecimento, compreensão e experiência que leva ao insight e à iluminação.

Sono espiritual: Um estado de desconhecimento ou desconexão de sua verdadeira natureza espiritual.

Transcendência: A capacidade de se elevar acima ou transcender as limitações do mundo físico e da dualidade, alcançando um nível mais elevado de compreensão e consciência.

Solicitação de resenha de livro

Caro leitor,

Obrigado por adquirir este livro! Gostaria muito de saber sua opinião. Escrever uma resenha de livro ajuda a entender os leitores e também afeta as decisões de compra de outros leitores. Sua opinião é importante. Por favor, escreva uma resenha sobre o livro! Sua gentileza é muito apreciada!

Sobre o autor

Dan Desmarques é um autor renomado com um histórico notável no mundo literário. Com um portfólio impressionante de 28 best-sellers da Amazon, incluindo oito best-sellers nº 1, Dan é uma figura respeitada no setor. Com base em sua formação como professor universitário de redação acadêmica e criativa, bem como em sua experiência como consultor de negócios experiente, Dan traz uma combinação única de conhecimento para seu trabalho. Suas percepções profundas e seu conteúdo transformador atraem um público amplo, abrangendo tópicos tão diversos quanto crescimento pessoal, sucesso, espiritualidade e o significado mais profundo da vida. Por meio de seus escritos, Dan capacita os leitores a se libertarem das limitações, liberarem seu potencial interior e embarcarem em uma jornada de autodescoberta e transformação. Em um mercado competitivo de autoajuda, o talento excepcional e as histórias inspiradoras de Dan fazem dele um autor de destaque, motivando os leitores a se envolverem com seus livros e a embarcarem em um caminho de crescimento pessoal e iluminação.

Também escrito pelo autor

1. 66 Days to Change Your Life: 12 Steps to Effortlessly Remove Mental Blocks, Reprogram Your Brain and Become a Money Magnet

2. A New Way of Being: How to Rewire Your Brain and Take Control of Your Life

3. Abnormal: How to Train Yourself to Think Differently and Permanently Overcome Evil Thoughts

4. Alignment: The Process of Transmutation Within the Mechanics of Life

5. Audacity: How to Make Fast and Efficient Decisions in Any Situation

6. Beyond Illusions: Discovering Your True Nature

7. Beyond Self-Doubt: Unleashing Boundless Confidence for Extraordinary Living

8. Breaking Free from Samsara: Achieving Spiritual Liberation and Inner Peace

9. Breakthrough: Embracing Your True Potential in a Changing World

10. Christ Cult Codex: The Untold Secrets of the Abrahamic Religions and the Cult of Jesus

11. Codex Illuminatus: Quotes & Sayings of Dan Desmarques

12. Collective Consciousness: How to Transcend Mass Consciousness and Become One With the Universe

13. Creativity: Everything You Always Wanted to Know About How to Use Your Imagination to Create Original Art That People Admire

14. Deception: When Everything You Know about God is Wrong

15. Demigod: What Happens When You Transcend The Human Nature?

16. Discernment: How Do Your Emotions Affect Moral Decision-Making?

17. Design Your Dream Life: A Guide to Living Purposefully

18. Eclipsing Mediocrity: How to Unveil Hidden Realities and Master Life's Challenges

19. Energy Vampires: How to Identify and Protect Yourself

20. Fearless: Powerful Ways to Get Abundance Flowing into Your Life

21. Feel, Think and Grow Rich: 4 Elements to Attract Success in Life

22. Find Your Flow: How to Get Wisdom and Knowledge from God

23. Hacking the Universe: The Revolutionary Way to Achieve Your Dreams and Unleash Your True Power

24. Holistic Psychology: 77 Secrets about the Mind That They Don't Want You to Know

25. How to Change the World: The Path of Global Ascension Through Consciousness

26. How to Get Lucky: How to Change Your Mind and Get Anything in Life

27. How to Improve Your Self-Esteem: 34 Essential Life Lessons Everyone Should Learn to Find Genuine Happiness

28. How to Study and Understand Anything: Discovering The Secrets of the Greatest Geniuses in History

29. How to Spot and Stop Manipulators: Protecting Yourself and Reclaiming Your Life

30. Intuition: 5 Keys to Awaken Your Third Eye and Expand Spiritual Perception

31. Karma Mastery: Transforming Life's Lessons into Conscious Creations

32. Legacy: How to Build a Life Worth Remembering

33. Master Your Emotions: The Art of Intentional Living

34. Mastering Alchemy: The Key to Success and Spiritual Growth

35. Metanoia Mechanics: The Secret Science of Profound Mental Shifts

36. Metamorphosis: 16 Catalysts for Unconventional Growth and Transformation

37. Mindshift: Aligning Your Thoughts for a Better Life

38. Mind Over Madness: Strategies for Thriving Amidst Chaos

39. Money Matters: A Holistic Approach to Building Financial Freedom and Well-Being

40. Quantum Leap: Unleashing Your Infinite Potential

41. Religious Leadership: The 8 Rules Behind Successful Congregations

42. Reset: How to Observe Life Through the Hidden

Dimensions of Reality and Change Your Destiny

43. Resilience: The Art of Confronting Reality Against the Odds

44. Raise Your Frequency: Aligning with Higher Consciousness

45. Revelation: The War Between Wisdom and Human Perception

46. Singularity: What to Do When You Lose Hope in Everything

47. Spiritual Anarchist: Breaking the Chains of Consensual Delusion

48. Spiritual DNA: Bridging Science and Spirituality to Live Your Best Life

49. Spiritual Warfare: What You Need to Know About Overcoming Adversity

50. Starseed: Secret Teachings about Heaven and the Future of Humanity

51. Stupid People: Identifying, Analyzing and Overcoming Their Toxic Influence

52. Technocracy: The New World Order of the Illuminati and The Battle Between Good and Evil

53. The 10 Laws of Transmutation: The Multidimensional

54. The 14 Karmic Laws of Love: How to Develop a Healthy and Conscious Relationship With Your Soulmate

55. The 33 Laws of Persistence: How to Overcome Obstacles and Upgrade Your Mindset for Success

56. The 36 Laws of Happiness: How to Solve Urgent Problems and Create a Better Future

57. The Alchemy of Truth: Embracing Change and Transcending Time

58. The Altruistic Edge: Succeeding by Putting Others First

59. The Antagonists: What Makes a Successful Person Different?

60. The Antichrist: The Grand Plan of Total Global Enslavement

61. The Art of Letting Go: Embracing Uncertainty and Living a Fulfilling Life

62. The Awakening: How to Turn Darkness Into Light and Ascend to Higher Dimensions of Existence

63. The Egyptian Mysteries: Essential Hermetic Teachings for a Complete Spiritual Reformation

64. The Dark Side of Progress: Navigating the Pitfalls of Technology and Society

65. The Evil Within: The Spiritual Battle in Your Mind Deception: When Everything You Know about God is Wrong

66. The Game of Life and How to Play It: How to Get Anything You Want in Life

67. The Hidden Language of God: How to Find a Balance Between Freedom and Responsibility

68. The Mosaic of Destiny: Deciphering the Patterns of Your Life

69. The Most Powerful Quotes: 400 Motivational Quotes and Sayings

70. The Secret Beliefs of The Illuminati: The Complete Truth About Manifesting Money Using The Law of Attraction That is Being Hidden From You

71. The Secret Empire: The Hidden Truth Behind the Power Elite and the Knights of the New World Order

72. The Secret Science of the Soul: How to Transcend Common Sense and Get What You Really Want From Life

73. The Spiritual Laws of Money: The 31 Best-kept Secrets to Life-long Abundance

74. The Spiritual Mechanics of Love: Secrets They Don't Want You to Know about Understanding and Processing

Emotions

75. The Universal Code: Understanding the Divine Blueprint

76. The Unknown: Exploring Infinite Possibilities in a Conformist World

77. The Narcissist's Secret: Why They Hate You (and What to Do About It)

78. Thrive: Spark Creativity, Overcome Obstacles and Unleash Your Potential

79. Transcend: Embracing Change and Overcoming Life's Challenges

80. Uncharted Paths: Pursuing True Fulfillment Beyond Society's Expectations

81. Uncompromised: The Surprising Power of Integrity in a Corrupt World

82. Unacknowledged: How Negative Emotions Affect Your Mental Health?

83. Unapologetic: Taking Control of Your Mind for a Happier and Healthier Life

84. Unbreakable: Turning Hardship into Opportunity

85. Uncommon: Transcending the Lies of the Mental Health Industry

86. Unlocked: How to Get Answers from Your Subconscious Mind and Control Your Life

87. Why do good people suffer? Uncovering the Hidden Dynamics of Human Nature

88. Your Full Potential: How to Overcome Fear and Solve Any Problem

89. Your Soul Purpose: Reincarnation and the Spectrum of Consciousness in Human Evolution

Sobre a editora

Esse livro foi publicado pela 22 Lions Publishing.

www.22Lions.com

Printed in the USA
CPSIA information can be obtained
at www.ICGtesting.com
CBHW051114081124
17082CB00021B/502